सुपरकॉप अजीत डोभाल

सर्जिकल स्ट्राइक के महानायक की प्रेरक बायोग्राफी

महेश दत्त शर्मा

प्रकाशक
प्रभात प्रकाशन प्रा. लि.
4/19 आसफ अली रोड, नई दिल्ली–110002
फोन : 011–23289777 • हेल्पलाइन नं. : 7827007777
इ–मेल : prabhatbooks@gmail.com ❖ वेब ठिकाना : www.prabhatbooks.com

संस्करण
2025

पेपरबैक मूल्य
चार सौ रुपए

मुद्रक
आर–टेक ऑफसेट प्रिंटर्स, दिल्ली

———— ★ ————

Supercop AJIT DOVAL
by Shri Mahesh Dutt Sharma

Published by **PRABHAT PRAKASHAN PVT. LTD.**
4/19 Asaf Ali Road, New Delhi-110002

ISBN 978-93-5521-270-2

₹ 400.00 (PB)

अपनी बात

अजीत डोभाल वह भारतीय पुलिस सेवा के सबसे सम्मानित अधिकारियों में से एक हैं। वे 'परम वीर चक्र' के बाद दूसरा सर्वोच्च वीरता पुरस्कार 'कीर्ति चक्र' पानेवाले पहले पुलिस अधिकारी हैं। वे केरल कैडर के 1968 बैच के आई.पी.एस. हैं और जनवरी 2005 में इंटेलिजेंस ब्यूरो के प्रमुख के रूप में सेवानिवृत्त हुए।

गढ़वाल से ताल्लुक रखनेवाले डोभाल की एक 'ऑपरेशन मैन' के रूप में उत्कृष्ट साख है। उन्होंने मिजोरम विद्रोह में एक फील्ड ऑपरेटिव के रूप में नाम कमाया, जहाँ उन्होंने विद्रोही नेता लालडेंगा पर काबू किया। सन् 1989 में उन्होंने अमृतसर में स्वर्ण मंदिर से आतंकवादियों को निकालने के लिए 'ऑपरेशन ब्लैक थंडर' में पंजाब पुलिस एवं राष्ट्रीय सुरक्षा गार्ड के साथ एक आई.बी. टीम का नेतृत्व किया।

कई वर्षों तक उन्होंने आई.बी. के भीतर कई महत्त्वपूर्ण टीमों का नेतृत्व किया, जिसमें भारत में इसलामी आतंकवाद के खिलाफ महत्त्वपूर्ण अभियान शामिल थे। सन् 1993 में मुंबई बम धमाकों के बाद अंडरवर्ल्ड गैंगस्टर दाऊद इब्राहिम को पकड़ने के लिए बनाई गई टीम का भी उन्होंने नेतृत्व किया।

उन्होंने पाकिस्तान में भी सेवा दी है, जब जे.एन. दीक्षित भारत के उच्चायुक्त थे। वे राजनयिक विवेक काटजू और रिसर्च एंड एनालिसिस विंग (RAW) के खुफिया अधिकारी सी.डी. सहाय के साथ तीन वार्त्ताकारों में से एक थे, जिन्होंने आई.सी. 184 उड़ान के यात्रियों को रिहा करने के लिए बातचीत की, जिसे अपहृत कर कंधार ले जाया गया था।

सर्जिकल स्ट्राइक, डोकलाम विवाद, अनुच्छेद 370 हटने के बाद कश्मीर में हालात पर नियंत्रण, म्याँमार में सैन्य ऑपरेशन इत्यादि जैसे दर्जनों साहसिक अभियान उनके नाम हैं। प्रस्तुत पुस्तक में उनके जीवन और साहसिक अभियानों की रोचक कहानी है, जो प्रेरक होने के साथ-साथ थ्रिलर से भी भरपूर है।

—महेश दत्त शर्मा

अनुक्रम

अजीत डोभाल : जीवन परिचय और कॅरियर

ऐसी बहुत सी साहसी हस्तियों के बारे में आपने जरूर सुना या पढ़ा होगा, जिन्होंने देश के आत्मसम्मान और गौरव को बनाए रखने के लिए अपनी सीमा से परे जाकर अपने कर्तव्य का निर्वहण किया है। भारत में भी बहुत से ऐसे नायक हैं, जो देश के लिए कुछ भी कर गुजरने को हर समय तैयार रहते हैं। ऐसा ही एक नाम है देश के राष्ट्रीय सुरक्षा सलाहकार अजीत डोभाल का, जिनकी देश के प्रति प्रेम की कोई सीमा नहीं है और इसी देश-प्रेम की खातिर उन्होंने सीमा पार जाकर पाकिस्तान में लगभग सात वर्षों तक जासूस बनकर समय बिताया।

अजीत डोभाल वो नाम है, जो आज किसी परिचय का मोहताज नहीं है। मौजूदा समय में अगर किसी को भारत का 'जेम्स बॉण्ड' कहा जाए तो इसमें सबसे ऊपर अजीत डोभाल का ही नाम होगा।

अजीत डोभाल ने कभी जासूस बनकर तो कभी भिखारी का वेश धरकर देश की सुरक्षा में सेंध लगने से बचाया है। उनकी अनोखी कूटनीतियों और बेमिसाल रणनीतियों की वजह से ही उन्हें 'भारत का मॉडर्न जेम्स बॉण्ड' और 'चाणक्य' कहा जाता है।

राष्ट्रीय सुरक्षा सलाहकार के बारे में कम ही लोग जानते होंगे कि वे पाकिस्तान में 'अंडर कवर एजेंट' रह चुके हैं।

भारत के राष्ट्रीय सुरक्षा सलाहकार अजीत डोभाल को प्रधानमंत्री नरेंद्र मोदी का खास माना जाता है। ऐसा नहीं है कि डोभाल मोदी के पी.ए. बनने के बाद

भाजपा के करीब आए। डोभाल को लालकृष्ण आडवाणी भी काफी तवज्जो देते थे।

भारत के पाँचवें राष्ट्रीय सुरक्षा सलाहकार और राष्ट्रीय सुरक्षा परिषद् के अध्यक्ष अजीत डोभाल देश के केंद्रीय शासन में बहुत ही शक्तिशाली व्यक्ति माने जाते हैं। उनके बारे में कहा जाता है कि वे प्रधानमंत्री मोदी के बेहद करीबी हैं। यह भी कहा जाता है कि वे कोई भी निर्णय बहुत सोच-समझकर लेते हैं; लेकिन जो लेते हैं, उस पर अडिग रहते हैं।

सन् 1945 में पौड़ी गढ़वाल के एक गढ़वाली परिवार में जनमे अजीत डोभाल केरल कैडर के 1968 बैच के आई.पी.एस. अफसर रहे हैं। वे आई.बी. समेत कई महत्त्वपूर्ण विभागों के मुखिया रहे हैं। वे वर्ष 2005 में आई.बी. के डायरेक्टर पद से रिटायर हुए थे।

सन् 1945 में पौड़ी गढ़वाल के एक गढ़वाली परिवार में जनमे अजीत डोभाल केरल कैडर के 1968 बैच के आई.पी.एस. अफसर रहे हैं। वे आई.बी. समेत कई महत्त्वपूर्ण विभागों के मुखिया रहे हैं। वे वर्ष 2005 में आई.बी. के डायरेक्टर पद से रिटायर हुए थे।

'कीर्ति चक्र' सम्मान

एक ऐसा भारतीय, जो खुलेआम पाकिस्तान को एक ओर मुंबई के बदले बलूचिस्तान छीन लेने की चेतावनी देने से गुरेज नहीं करता; एक ऐसा जासूस, जो पाकिस्तान के लाहौर में 7 साल मुसलमान बनकर अपने देश की रक्षा के लिए प्रतिबद्ध रहा हो।

वे भारत के ऐसे एकमात्र नागरिक हैं, जिन्हें शांतिकाल में दिए जानेवाले दूसरे सबसे बड़े पुरस्कार 'कीर्ति चक्र' से सम्मानित किया गया। मूलत: उत्तराखंड के पौड़ी गढ़वाल से आनेवाले अजीत डोभाल ने अजमेर मिलिट्री स्कूल से पढ़ाई की है और आगरा विश्वविद्यालय से अर्थशास्त्र में एम.ए. किया।

अजीत अपनी पोस्ट ग्रेजुएशन के साथ ही आई.पी.एस. की तैयारी में लग गए। कड़ी मेहनत के बल पर वे केरल कैडर से सन् 1968 में आई.पी.एस. के लिए चुन लिये गए।

राष्ट्रीय सुरक्षा सलाहकार

अजीत डोभाल एक रिटायर्ड आई.पी.एस. ऑफिसर एवं इंटेलिजेंस ब्यूरो के पूर्व निदेशक हैं। वर्तमान में वे भारत के राष्ट्रीय सुरक्षा सलाहकार हैं। उनका जन्म स्वतंत्रता पूर्व ब्रिटिश शासन में 20 जनवरी, 1945 को उत्तराखंड के पौड़ी गढ़वाल जिले में हुआ। उनके पिता का नाम मेजर गुणानंद डोभाल है, जो एक गढ़वाली ब्राह्मण हैं।

अजीत डोभाल के परिवार में उनके माता-पिता के अलावा पत्नी और दो संतानें हैं।

सेवानिवृत्त आई.पी.एस. अधिकारी अजीत कुमार डोभाल भारत के पाँचवें और वर्तमान राष्ट्रीय सुरक्षा सलाहकार हैं।

जीवन-परिचय

अजीत डोभाल का जन्म एक गढ़वाली ब्राह्मण परिवार में हुआ। डोभाल के पिता मेजर जी.एन. डोभाल भारतीय सेना में एक अधिकारी थे।

पूरा नाम	:	अजीत कुमार डोभाल
जन्मतिथि	:	20 जनवरी, 1945
जन्म-स्थान	:	पौड़ी गढ़वाल, उत्तराखंड
राष्ट्रीयता	:	भारतीय
धर्म	:	हिंदू
जाति	:	गढ़वाली ब्राह्मण
कार्य	:	पूर्व आई.पी.एस., पूर्व आई.बी. निदेशक, वर्तमान राष्ट्रीय सुरक्षा सलाहकार
पिता का नाम	:	गुणानंद डोभाल
पत्नी	:	अनु डोभाल
पुत्र	:	विवेक डोभाल एवं शौर्य डोभाल

शिक्षा

अजीत डोभाल की प्रारंभिक शिक्षा अजमेर, राजस्थान के अजमेर मिलिट्री स्कूल में हुई। उन्होंने सन् 1967 में आगरा विश्वविद्यालय से अर्थशास्त्र में मास्टर डिग्री के साथ स्नातकोत्तर की उपाधि प्राप्त की। उन्हें दिसंबर 2017 में आगरा विश्वविद्यालय से विज्ञान, साहित्य और रणनीतिक तथा मई 2018 में कुमाऊँ विश्वविद्यालय से सुरक्षा मामलों के क्षेत्र में उनके योगदान के लिए डॉक्टरेट की उपाधि से सम्मानित किया गया। उन्हें नवंबर 2018 में एमिटी यूनिवर्सिटी द्वारा दर्शन-शास्त्र में डॉक्टरेट की मानद उपाधि से सम्मानित किया गया।

कॅरियर

- वर्ष 1968 में केरल कैडर के लिए आई.पी.एस. चुने जाने के बाद अजीत डोभाल की पहली पोस्टिंग केरल राज्य में हुई। अभी लगभग डेढ़ साल ही हुए थे कि तभी कन्नूर जिले के थलासेरी में सांप्रदायिक दंगे भड़क उठे, जिसे वहाँ के तत्कालीन पुलिस अधिकारी नियंत्रित नहीं कर पा रहे थे। उस समय एम. करुणाकरण केरल के गृह मंत्री थे। उन्होंने अजीत डोभाल को थलासेरी भेजने का निर्णय लिया। वहाँ पहुँचकर उन्होंने मात्र दो ही दिनों में न सिर्फ दंगों को समाप्त किया, बल्कि उन दंगों के दौरान लूटे गए सारे माल को भी बरामद करके उनके असली हकदारों को वापस लौटाया। इससे उनकी छवि एक दबंग पुलिस ऑफिसर के रूप में उभरकर सामने आई।
- इसी दौरान पंजाब और मिजोरम में हुए उग्रवादी आंदोलन में वह सक्रिय रूप से शामिल रहे। अजीत डोभाल ने मिजो नेशनल आमब के साथ बर्मा और चीन की सीमा के अंदर एक बहुत लंबा समय बिताया। मिजो नेशनल फ्रंट के विद्रोह के समय भी उनका प्रदर्शन यादगार रहा। मिजोरम में उन्होंने मिजो नेशनल फ्रंट को शक्तिहीन किया और वहाँ शांति की स्थापना की।
- इसके बाद वर्ष 1999 में कंधार में आई.सी.-814 के अपहरण के मुद्दे पर अजीत डोभाल उन तीन अधिकारियों में से एक थे, जिन्होंने रिहाई

के मुद्दे पर देश की ओर से बात की। उन्हें वर्ष 1971 से 1999 तक हुईं सभी पंद्रह प्लेन हाईजेकिंग में वार्त्ताकार के रूप में शामिल होने का अनुभव है।

- अजीत डोभाल ने एक दशक से भी अधिक समय से आई.बी. के संचालन विंग का नेतृत्व किया। इसके अलावा, वे मल्टी एजेंसी सेंटर (एम.ए.सी.) और ज्वॉइंट टास्क फोर्स ऑन इंटेलिजेंसी के संस्थापक अध्यक्ष भी रहे।
- अजीत डोभाल ने आतंक-निरोधी कार्यों के लिए भारत के तीसरे राष्ट्रीय सुरक्षा सलाहकार एम.के. नारायणन द्वारा ट्रेनिंग भी प्राप्त की।
- वर्ष 1988 में 'ऑपरेशन ब्लैक थंडर' के पहले उन्होंने स्वर्ण मंदिर में प्रवेश कर महत्त्वपूर्ण जानकारियाँ एकत्र की थीं।

वह वर्ष 2005 में जनवरी के महीने में इंटेलिजेंस ब्यूरो के डायरेक्टर के पद से सेवानिवृत्त हुए। वर्ष 2014 में उनके कॅरियर का एक अहम मोड़ आया और वे भारत के पाँचवें राष्ट्रीय सुरक्षा सलाहकार के रूप में नियुक्त हुए।

- अजीत डोभाल ने करीब सात साल पाकिस्तान में अपना धर्म बदलकर गुजारे। इस दौरान उन्होंने भारतीय सुरक्षा एजेंसियों के लिए कई सारी महत्त्वपूर्ण जानकारियाँ एकत्र कीं।
- वह वर्ष 2005 में जनवरी के महीने में इंटेलिजेंस ब्यूरो के डायरेक्टर के पद से सेवानिवृत्त हुए। वर्ष 2014 में उनके कॅरियर का एक अहम मोड़ आया और वे भारत के पाँचवें राष्ट्रीय सुरक्षा सलाहकार के रूप में नियुक्त हुए।
- वर्ष 2009 से 2011 तक उन्होंने 'इंडियन ब्लैक मनी अब्रोड इन सीक्रेट बैंक एंड टैक्स हैवन' नाम से बनी रिपोर्ट के संपादन में योगदान दिया और वे भाजपा के इस अभियान का महत्त्वपूर्ण हिस्सा बने।
- वर्ष 2014 में अजीत डोभाल ने उन 46 भारतीय नर्सों की रिहाई में महत्त्वपूर्ण भूमिका निभाई, जो इराक में फँसी हुई थीं और जिनके

परिजनों ने भी उनसे अपना संपर्क खो दिया था। इसके लिए वे स्वयं इराक गए और गुप्त मिशन पर कार्य किया।

- अजीत डोभाल ने थल सेना प्रमुख के साथ म्याँमार के बाहर चल रहे आतंकवादियों के खिलाफ अभियान में भी महत्त्वपूर्ण भूमिका निभाई। यह अभियान 50 आतंकवादियों को ढेर करते हुए एक सफल अभियान साबित हुआ।
- अजीत डोभाल को पाकिस्तान के संबंध में भारतीय सुरक्षा नीतियों में बदलाव करने का भी श्रेय प्राप्त है। वर्ष 2016 में हुई सर्जिकल स्ट्राइक में उनकी भूमिका को भी अहम माना जाता है। कहा जाता है कि उन्हीं की योजना से भारत अपने लक्ष्य को प्राप्त करने में सफल हुआ।
- वर्ष 2018 में उन्हें स्ट्रेटेजिक पॉलिसी ग्रुप का अध्यक्ष नियुक्त किया गया। इसके अलावा, पुलवामा आतंकी हमले के जवाब में भारतीय वायु सेना द्वारा की गई जवाबी काररवाई में भी अजीत डोभाल की भूमिका अहम रही है। पाकिस्तान की ओर से की जानेवाली काररवाई के लिए भी भारतीय सेना को तैयार रखने की जिम्मेदारी में भी उन्होंने सेना प्रमुखों के साथ मिलकर कमान सँभाली है।

भारत के जेम्स बॉण्ड

केरल सांप्रदायिक दंगों में मिली सफलता के बाद वर्ष 1972 में अजीत डोभाल को दिल्ली बुला लिया गया। उन्हें आई.बी. में नियुक्त किया गया। आई.बी. में नियुक्ति के दौरान उन्हें 'जेम्स बॉण्ड' कहा जाता था। ज्वाइन होने के बाद उनकी पोस्टिंग मिजोरम में हुई। यह पोस्टिंग उन्होंने खुद माँगी थी, क्योंकि उस वक्त 'मिजो नेशनल फ्रंट' का विद्रोह चरम पर था। मिजो विद्रोहियों ने मिजोरम को स्वतंत्र घोषित करके भारतीय सेना के साथ युद्ध घोषित कर दिया था। हिंसा बहुत ज्यादा हो रही थी। पुलिस और सेना पर लगातार हमले हो रहे थे। पाकिस्तान से हथियार सप्लाई हो रहे थे।

तब अजीत डोभाल सीक्रेट एजेंट बनकर गए। वे विद्रोहियों से मिलकर मिजो आमब में शामिल हो गए। आगे चलकर उन्होंने विद्रोहियों का ब्रेनवॉश

किया, फिर उन्हें आत्मसमर्पण करने को मजबूर कर दिया।

मिजो नेशनल फ्रंट (एम.एन.एफ.) विद्रोह के दौरान डोभाल ने लालडेंगा के सात कमांडरों में से छह पर जीत हासिल की। उन्होंने लंबे समय तक 'मिजो नेशनल आमब' के साथ बर्मा के अराकान और चीनी क्षेत्र के अंदर समय बिताया। मिजोरम से वे सिक्किम गए, जहाँ उन्होंने भारत के साथ राज्य के विलय के दौरान महत्त्वपूर्ण भूमिका निभाई।

सिक्किम में भी मिजोरम जैसे हालात को अजीत डोभाल ने बहुत अच्छे से हल किया। सन् 1975 में सिक्किम भी भारत में शामिल हो गया। सिक्किम को भारत में शामिल करने में उनका बहुत बड़ा हाथ रहा।

मिजोरम और सिक्किम में उत्कृष्ट योगदान के लिए अजीत डोभाल को 'प्रेसिडेंट पुलिस मेडल अवार्ड' से सम्मानित किया गया। इस मेडल की विशेषता यह है कि यह मेडल 14 साल की सेवा पूरी करने के बाद ही मिलता है। लेकिन उन्हें मात्र सात साल की सेवा में ही सन् 1975 में दिया गया। यह सच में उनके लिए बहुत बड़ी उपलब्धि थी।

मिजो नेशनल फ्रंट (एम. एन.एफ.) विद्रोह के दौरान डोभाल ने लालडेंगा के सात कमांडरों में से छह पर जीत हासिल की। उन्होंने लंबे समय तक 'मिजो नेशनल आमब' के साथ बर्मा के अराकान और चीनी क्षेत्र के अंदर समय बिताया। मिजोरम से वे सिक्किम गए, जहाँ उन्होंने भारत के साथ राज्य के विलय के दौरान महत्त्वपूर्ण भूमिका निभाई।

विवेकानंद इंटरनेशनल फाउंडेशन

वर्ष 2019 में अजीत डोभाल विवेकानंद इंटरनेशनल फाउंडेशन के संस्थापक अध्यक्ष बने।

यह फाउंडेशन कन्याकुमारी में स्थित विवेकानंद केंद्र का हिस्सा है, जिसकी स्थापना राष्ट्रीय स्वयंसेवक संघ के एकनाथ रानाडे ने की थी। राष्ट्रीय स्वयंसेवक संघ जैसी विचारधारा पर बना थिंक टैंक विवेकानंद फाउंडेशन आजकल मोदी सरकार के लिए पड़ोसी देशों से संबंध और रणनीतिक मामलों पर इनपुट्स

देने का काम करता है, जिसमें भारत के कई रिटायर्ड आई.ए.एस., आई.पी.एस., वैज्ञानिक और सैन्य अफसर शामिल हैं। अजीत डोभाल के राष्ट्रीय सुरक्षा सलाहकार बनने के बाद उनकी जगह एन.सी. विज को फाउंडेशन का डायरेक्टर बनाया गया। फाउंडेशन से जुड़े पूर्व नौकरशाह और सेना के पूर्व अधिकारियों के अलावा ज्यादातर लोग श्रमदान के रूप में काम करते हैं, कोई वेतन नहीं लेते।

आई.सी.-814 हाइजैक

यह घटना सन् 1999 की है। इस घटना में पाकिस्तानी आतंकवादियों ने काठमांडू से उड़े भारतीय विमान आई.सी.-814 को हाईजैक कर लिया। उस विमान में 176 भारतीय यात्री सवार थे। आतंकवादी विमान को हाईजैक कर पहले लाहौर और फिर लाहौर से अफगानिस्तान में कंधार ले गए। वहाँ सभी यात्रियों को बंधक बना लिया गया।

यह घटना सन् 1999 की है। इस घटना में पाकिस्तानी आतंकवादियों ने काठमांडू से उड़े भारतीय विमान आई.सी.-814 को हाईजैक कर लिया। उस विमान में 176 भारतीय यात्री सवार थे। आतंकवादी विमान को हाईजैक कर पहले लाहौर और फिर लाहौर से अफगानिस्तान में कंधार ले गए। वहाँ सभी यात्रियों को बंधक बना लिया गया। इस बीच भारत की ओर से अजीत डोभाल ने आतंकवादियों से बातचीत की। आतंकियों ने यात्रियों को सुरक्षित छोड़ने के बदले भारतीय जेलों में बंद पाकिस्तानी आतंकवादियों को सौंपने की माँग की। उनकी इस माँग को पूरा करते हुए तीन आतंकवादियों को रिहा किया गया और बदले में करीब सभी यात्रियों को सुरक्षित वापस लौटा दिया गया।

इराक मिशन-2014

वर्ष 2014 की एक घटना के बाद अजीत डोभाल को भारत का राष्ट्रीय सुरक्षा सलाहकार बनाया गया। उसी वर्ष 2014 में आई.एस.आई.एस. के आतंकवादियों ने भारत की 46 नर्सों को इराक में बंदी बना लिया। उन्हें छुड़ाने के

लिए भारत ने खुफिया मिशन किया, जिसके तहत जमीनी हालात को समझने के लिए अजीत डोभाल खुद इराक गए। उन्होंने आई.एस.आई.एस. के आतंकियों से बातचीत की और उन्हें भरोसे में लिया तथा सफलतापूर्वक सभी नर्सों को सुरक्षित स्वदेश वापस ले आए। आज 76 वर्ष की उम्र में भी भारतीय सीमा सुरक्षा में अजीत डोभाल अहम भूमिका निभा रहे हैं।

पाकिस्तान में जासूस

पाकिस्तान में एक अंडरकवर ऑपरेटिव के रूप में अजीत डोभाल ने खुफिया और आतंकवादी गतिविधियों की जानकारी एकत्र करने की बड़ी जिम्मेदारी निभाई। उनके निशाने पर माफिया डॉन दाऊद इब्राहिम जैसे बड़े आतंकी नाम थे।

अजीत डोभाल सात वर्ष पाकिस्तान में भारत के जासूस बनकर रहे। इस दौरान उन्होंने खुद को एक मुसलमान की तरह रखा और किसी को भी भनक नहीं लगने दी कि वे हिंदू हैं। लेकिन एक बार ऐसी स्थिति आई, जब पाकिस्तान में उनकी पोल खुल गई।

अजीत डोभाल सात वर्ष पाकिस्तान में भारत के जासूस बनकर रहे। इस दौरान उन्होंने खुद को एक मुसलमान की तरह रखा और किसी को भी भनक नहीं लगने दी कि वे हिंदू हैं। लेकिन एक बार ऐसी स्थिति आई, जब पाकिस्तान में उनकी पोल खुल गई।

वे लाहौर के एक मुसलिम इलाके में एक मुसलमान के रूप में रहा करते थे। लाहौर में ही एक बहुत बड़ी औलिया की मजार है, जहाँ बहुत लोग जाया करते हैं। एक बार वे वहाँ से गुजर रहे थे। इसी दौरान उन्हें एक बहुत ही आकर्षक व्यक्ति ने अपने पास बुलाया। उसकी बहुत लंबी और सफेद दाढ़ी थी, जो देखने में मुसलमान लगता था।

डोभाल उसके पास गए। उसने कहा, "तुम हिंदू हो ?"

डोभाल ने कहा, "नहीं, मैं मुसलमान हूँ।"

उसने कहा, "तुम झूठ बोल रहे हो! तुम हिंदू हो।"

डोभाल ने फिर इनकार किया।

उसने कहा, "मैं जानता हूँ कि तुम हिंदू हो, क्योंकि तुम्हारे कान छिदे हुए हैं।"

इस पर डोभाल ने उससे कहा, "मैं बाद में धर्मांतरित हुआ हूँ।"

उस व्यक्ति ने कहा, "नहीं, तुम बाद में भी धर्मांतरित नहीं हुए हो।"

डोभाल ने उससे पूछा कि उसने इतनी सूक्ष्म बातें कैसे जानीं, तो वह बोला कि वह भी एक हिंदू है।

उसने डोभाल को सलाह दी कि वे प्लास्टिक सर्जरी करा लें, नहीं तो यहाँ दिक्कत हो ज़ाएगी। डोभाल ने बाद में प्लास्टिक सर्जरी करा ली; हालाँकि, उनके कान में अब भी हलका सा छेद दिखता है।

रोमांच का दूसरा नाम डोभाल

डोभाल कई ऐसे खतरनाक कारनामों को अंजाम दे चुके हैं, जिन्हें सुनकर 'जेम्स बॉण्ड' के किस्से भी फीके लगते हैं। वर्तमान में राष्ट्रीय सुरक्षा सलाहकार के पद पर आसीन अजीत कुमार डोभाल से बड़े-बड़े मंत्री भी सहमे रहते हैं।

> ***डोभाल कई ऐसे खतरनाक कारनामों को अंजाम दे चुके हैं, जिन्हें सुनकर 'जेम्स बॉण्ड' के किस्से भी फीके लगते हैं। वर्तमान में राष्ट्रीय सुरक्षा सलाहकार के पद पर आसीन अजीत कुमार डोभाल से बड़े-बड़े मंत्री भी सहमे रहते हैं।***

भारतीय सेना द्वारा म्याँमार में सीमा पार सर्जिकल स्ट्राइक के जरिए डोभाल ने भारत के शत्रुओं को सीधा और साफ संदेश दिया कि अब भारत आक्रामक-रक्षात्मक रवैया अख्तियार कर चुका है।

भारतीय सेना के एक महत्त्वपूर्ण 'ऑपरेशन ब्लू स्टार' के दौरान उन्होंने एक जासूस की भूमिका निभाई और भारतीय सुरक्षा बलों के लिए महत्त्वपूर्ण खुफिया जानकारी उपलब्ध कराई, जिसकी मदद से सैन्य ऑपरेशन सफल हो सका। इस दौरान उनकी भूमिका एक ऐसे पाकिस्तानी जासूस की थी, जिसने खालिस्तानियों का विश्वास जीत लिया था और उनकी तैयारियों की जानकारी मुहैया करवाई थी।

जब सन् 1999 में इंडियन एयरलाइंस की उड़ान आई.सी.-814 को

काठमांडू से हाईजैक कर लिया गया था, तब उन्हें भारत की ओर से मुख्य वार्त्ताकार बनाया गया था। बाद में, उस फ्लाइट को कंधार ले जाया गया और यात्रियों को बंधक बना लिया गया था।

कश्मीर में भी उन्होंने उल्लेखनीय काम किया और उग्रवादी संगठनों में घुसपैठ कर ली थी। उन्होंने उग्रवादियों को ही शांति-रक्षक बनाकर उग्रवाद की धारा को मोड़ दिया था। उन्होंने एक प्रमुख भारत-विरोधी उग्रवादी कूका परे को अपना सबसे बड़ा भेदिया बना लिया था।

'80 के दशक में वे उत्तर-पूर्व में भी सक्रिय रहे। उस समय लालडेंगा के नेतृत्व में मिजो नेशनल फ्रंट ने हिंसा और अशांति फैला रखी थी। लेकिन तब डोभाल ने लालडेंगा के सात में से छह कमांडरों का विश्वास जीत लिया था, जिसका नतीजा यह हुआ था कि लालडेंगा को मजबूरी में भारत सरकार के साथ शांति विराम का विकल्प अपनाना पड़ा।

'80 के दशक में वे उत्तर-पूर्व में भी सक्रिय रहे। उस समय लालडेंगा के नेतृत्व में मिजो नेशनल फ्रंट ने हिंसा और अशांति फैला रखी थी। लेकिन तब डोभाल ने लालडेंगा के सात में से छह कमांडरों का विश्वास जीत लिया था, जिसका नतीजा यह हुआ था कि लालडेंगा को मजबूरी में भारत सरकार के साथ शांति विराम का विकल्प अपनाना पड़ा।

डोभाल ने वर्ष 1991 में खालिस्तान लिबरेशन फ्रंट द्वारा अपहृत किए गए रोमानियाई राजनयिक लिविउ राडू को बचाने की सफल योजना बनाई थी।

डोभाल ने पूर्वोत्तर भारत में सेना पर हुए हमले के बाद 'सर्जिकल स्ट्राइक' की योजना बनाई और भारतीय सेना ने सीमा पार म्याँमार में कारवाई कर उग्रवादियों को मार गिराया। भारतीय सेना ने म्याँमार की सेना और एन.एस. सी.एन. खाप्लांग गुट के बागियों के सहयोग से ऑपरेशन चलाया, जिसमें करीब 30 उग्रवादी मारे गए।

डोभाल ने पाकिस्तान व ब्रिटेन में राजनयिक जिम्मेदारियाँ भी सँभालीं और फिर करीब एक दशक तक खुफिया ब्यूरो की ऑपरेशन शाखा का नेतृत्व किया।

'कीर्ति चक्र' पानेवाले पहले अफसर

अजीत डोभाल देश के इकलौते ऐसे पुलिस अधिकारी हैं, जिन्हें 'कीर्ति चक्र' से सम्मानित किया गया। आमतौर पर यह पुरस्कार सेना के अधिकारी को ही दिया जाता है; लेकिन अजीत डोभाल के कई ऐसे कारनामे हैं, जो उनके अलावा कोई और नहीं कर सकता था। सन् 1989 में अजीत डोभाल ने अमृतसर के स्वर्ण मंदिर से चरमपंथियों को निकालने के लिए 'ऑपरेशन ब्लैक थंडर' का नेतृत्व किया था। तब भी वे एक रिक्शावाला बनकर वह काम करते रहे और किसी को कानोकान भनक दिए बगैर स्वर्ण मंदिर से नक्शे, हथियारों एवं लड़ाकों की सारी जानकारियाँ लेकर बाहर भी चले आए थे। वहीं पाकिस्तान में जासूसी से पहले उन्होंने जूते बनाने का काम भी सीखा, जिससे खुफिया काम के दौरान किसी को शक न हो।

अजीत डोभाल देश के इकलौते ऐसे पुलिस अधिकारी हैं, जिन्हें 'कीर्ति चक्र' से सम्मानित किया गया। आमतौर पर यह पुरस्कार सेना के अधिकारी को ही दिया जाता है; लेकिन अजीत डोभाल के कई ऐसे कारनामे हैं, जो उनके अलावा कोई और नहीं कर सकता था।

'सर्जिकल स्ट्राइक' के मास्टर माइंड

उरी हमले के बाद जब भारत ने पाकिस्तान पर 'सर्जिकल स्ट्राइक' की तो उसके मास्टर माइंड अजीत डोभाल ही थे। उन्हीं की देख-रेख में पूरे ऑपरेशन को अंजाम दिया गया। म्याँमार पर भी भारत ने एक 'सर्जिकल स्ट्राइक' की थी। उसे भी उन्हीं की देख-रेख में अंजाम दिया गया। उनके निर्देशन में भारत कश्मीर से आतंकवाद का सफाया करने के लिए कई अभियान चला चुका है।

डोभाल की चेतावनी

डोभाल ने वर्तमान परिप्रेक्ष्य में चेतावनी देते हुए कहा है कि युद्ध का तरीका बदल चुका है। अब समाज को बाँटकर भी देश तोड़े जा सकते हैं। राष्ट्रीय सुरक्षा

सलाहकार अजीत डोभाल ने कहा है कि बदलते वक्त में किसी देश के खिलाफ युद्ध छेड़ने के तौर-तरीके भी बदल गए हैं। युद्ध के नए हथियार के तौर पर सिविल सोसाइटी, यानी समाज को नष्ट करने की तैयारी की जा रही है।

डोभाल ने कहा, "राजनीतिक और सैनिक उद्‌देश्य हासिल करने के लिए युद्ध अब ज्यादा असरदार नहीं रह गए हैं। दरअसल, युद्ध बहुत महँगे होते हैं। हर देश उन्हें नहीं झेल सकता। उसके नतीजों के बारे में भी हमेशा अनिश्चितता रहती है। ऐसे में, समाज को बाँटकर और भ्रम फैलाकर देश को नुकसान पहुँचाया जा सकता है।"

डोभाल ने कहा, "राजनीतिक और सैनिक उद्‌देश्य हासिल करने के लिए युद्ध अब ज्यादा असरदार नहीं रह गए हैं। दरअसल, युद्ध बहुत महँगे होते हैं। हर देश उन्हें नहीं झेल सकता। उसके नतीजों के बारे में भी हमेशा अनिश्चितता रहती है। ऐसे में, समाज को बाँटकर और भ्रम फैलाकर देश को नुकसान पहुँचाया जा सकता है।"

उन्होंने कहा, "लोग सबसे महत्त्वपूर्ण हैं, इसलिए युद्ध की चौथी पीढ़ी के तौर पर नया मोर्चा खुला है, जिसका टारगेट समाज है।" उन्होंने कहा कि पाकिस्तान, चीन, म्याँमार और बँगलादेश से सटी हमारी सीमा की लंबाई लगभग 15,000 कि.मी. लंबी है। इस जगह बॉर्डर मैनेजमेंट में पुलिस का बड़ा रोल होना चाहिए।

उन्होंने आई.पी.एस. अफसरों से कहा, "भारत के अंदर 32 लाख वर्ग कि.मी. क्षेत्र में कानून-व्यवस्था के मैनेजमेंट की जिम्मेदारी पुलिस फोर्स की है; लेकिन अब यह रोल और बढ़ेगा। हमारी 15,000 कि.मी. लंबी सीमा पर अलग-अलग तरह की समस्याएँ हैं। आगे चलकर आप इस देश के बॉर्डर मैनेजमेंट के लिए भी जिम्मेदार होंगे।"

मुख्य कार्यों पर एक दृष्टि

- जो मेडल किसी आई.पी.एस. अफसर को 17 वर्ष बाद दिया जाता है, वह उन्होंने अपने सेवा के सिर्फ 6 वर्षों में ही पा लिया था।

- पाकिस्तान में 7 वर्ष जासूस बनकर बिताए और इसी दौरान आप वहाँ की आमब में मार्शल की पोस्ट तक पहुँचे।
- बलूचिस्तान में रॉ (RAW) को फिर से एक्टिव करके उसे अंतरराष्ट्रीय मुद्दा बनाया।
- एक दशक से भी अधिक समय तक आई.बी. के संचालन विंग का नेतृत्व करने का अनुभव।
- आतंक-निरोधी कार्यों के लिए भारत के तीसरे राष्ट्रीय सुरक्षा सलाहकार एम.के. नारायणन द्वारा ट्रेनिंग भी प्राप्त की।
- मिजो नेशनल आमब के साथ बर्मा और चीन की सीमा के अंदर काफी लंबा समय बिताया।
- वर्ष 2018 में उन्हें रणनीतिक नीति समूह (एस.पी.जी.) के अध्यक्ष के रूप में नियुक्त किया गया।
- पंजाब राज्य में हुए रोमानियों के 'रेसक्यू ऑपरेशन' में उनकी अहम भूमिका थी। वर्ष 1988 में 'ऑपरेशन ब्लैक थंडर' के पहले उन्होंने स्वर्ण मंदिर में प्रवेश कर महत्त्वपूर्ण जानकारियाँ इकट्ठा की थीं।

रिटायरमेंट के बाद बने राष्ट्रीय सुरक्षा सलाहकार

- वर्ष 2005 में इंटेलिजेंस ब्यूरो के डायरेक्टर पद से रिटायर होने के बाद भी वह भारत की सुरक्षा से संबंधित मामलों में एक्टिव रहे। उन्होंने कुछ प्रसिद्ध अखबारों व जर्नल्स के लिए लिखने के अलावा सरकारी और गैर-सरकारी संस्थाओं में भारत की सुरक्षा संबंधी मुद्दों पर भाषण भी दिए।
- अजीत डोभाल 30 मई, 2014 से इस पद पर हैं। वे भारत के पाँचवें राष्ट्रीय सुरक्षा सलाहकार हैं। इससे पहले शिवशंकर मेनन भारत के राष्ट्रीय सुरक्षा सलाहकार थे।
- डोभाल ने वर्ष 2014 में इराक में फँसी हुई 46 भारतीय नर्सों की रिहाई में महत्त्वपूर्ण भूमिका निभाई थी। इसके लिए वह स्वयं इराक गए और गुप्त मिशन पर कार्य किया।

- म्याँमार की सीमा के अंदर आतंकवादियों के विरुद्ध अभियान में भी उन्होंने महत्त्वपूर्ण भूमिका निभाई थी। उसमें 50 आतंकवादियों को मारा गया था।
- अजीत डोभाल ने अपने कॅरियर में ज्यादातर समय खुफिया विभाग में ही काम किया है। गुप्त सूत्रों से प्राप्त जानकारी के अनुसार, वह 7 साल तक पाकिस्तान में खुफिया जासूस बनकर रह चुके हैं।
- अजीत डोभाल ने भारतीय सुरक्षा नीतियों में बड़े स्तर पर बदलाव किया, जिसके फलस्वरूप वर्ष 2016 में उरी आतंकी हमले का जवाब 'सर्जिकल स्ट्राइक' के रूप में दिया गया।

पुरस्कार व सम्मान

- अजीत डोभाल अपनी उच्च सेवाओं के लिए पुलिस मेडल पानेवाले सबसे कम उम्र के अधिकारी हैं।
- उन्हें 'प्रेसिडेंट पुलिस मेडल' से भी नवाजा गया है। यह मेडल प्रतिवर्ष गणतंत्र दिवस और स्वतंत्रता दिवस के अवसर पर चयनित अधिकारी को उसकी वीरता या प्रतिष्ठित सेवा के लिए राष्ट्रपति द्वारा प्रदान किया जाता है।
- वर्ष 1988 में अजीत डोभाल को दूसरे सबसे बड़े वीरता पुरस्कार 'कीर्ति चक्र' से सम्मानित किया गया।
- अजीत डोभाल उन लोगों में से एक हैं, जो सीमा पर न रहकर भी हमारी सुरक्षा के लिए साल में 12 महीने, सप्ताह में 7 दिन और दिन में 24 घंटे कार्यरत हैं।

□

सफलता का चार सूत्रीय मंत्र

प्रधानमंत्री मोदी ने डोभाल को अपने राष्ट्रीय सुरक्षा सलाहकार के रूप में चुना। एक ऐसा पद, जो रक्षा और विदेश मामलों के मंत्रियों की तुलना में अधिक प्रभावशाली है। यह डोभाल को कट्टर प्रतिद्वंद्वी पाकिस्तान के साथ बातचीत का प्रभारी बनाता है।

वे सामरिक क्षमताओं पर चर्चा करने के लिए हथियार निर्माता देशों का दौरा करते हैं और देश के शीर्ष राजनयिक विदेश सचिव एस. जयशंकर (अब विदेश मंत्री) के साथ दैनिक संपर्क करते हुए आतंकवादी हमलों की प्रतिक्रिया की योजना बनाते हैं।

मोदी के साथ डोभाल के प्रभाव ने विपक्षी राजनेताओं को आलोचना की जगह दी और मोदी के प्रशासन के भीतर असंतोष को हवा दी।

इंटेलिजेंस ब्यूरो से सेवानिवृत्त होने के बाद डोभाल ने वर्ष 2009 में विवेकानंद इंटरनेशनल फाउंडेशन की स्थापना की। सन् 1972 में वे इंटेलिजेंस ब्यूरो में चले गए, जहाँ उन्होंने तीन दशक बिताए, जिसमें पूर्वोत्तर, जम्मू व कश्मीर और उत्तराखंड के अशांत क्षेत्रों में कार्यकाल शामिल थे।

अजीत डोभाल ने एक व्याख्यान में कहा, "भारत की मानसिकता है कि जहाँ वह हिट करता है, वह अपने वजन से कम ताकत का मुक्का मारता है। हमें अपना वजन बढ़ाना होगा और उसी अनुपात में मुक्का मारना होगा।"

सफलता का चार सूत्रीय मंत्र

एक ऐसी दुनिया में, जहाँ शक्ति-गतिशीलता बदलती रहती है, केवल

वे ही सफल होंगे, जो अभी हो रहे परिवर्तनों को समझ सकते हैं, सकारात्मक दृष्टिकोण रखते हैं, अपने आसपास की दुनिया से अभ्यस्त होते हैं और हर व्यक्ति, स्थिति एवं क्रिया से सीखने के लिए हमेशा तैयार रहते हैं। राष्ट्रीय सुरक्षा सलाहकार (एन.एस.ए.) अजीत डोभाल यह मानते हैं।

कुमाऊँ विश्वविद्यालय के चौदहवें दीक्षांत समारोह के दौरान राज्यपाल के.के. पॉल द्वारा डॉक्टरेट की मानद उपाधि से सम्मानित किए जाने के बाद डोभाल ने अपने स्वीकृति भाषण में सफलता के लिए अपना चार सूत्रीय मंत्र साझा किया।

इस बात पर जोर देते हुए कि दुनिया और उसकी शक्ति-गतिशीलता बदल रही है, डोभाल ने कहा, "पहले सत्ता की बागडोर उन लोगों के हाथों में थी, जो शारीरिक रूप से मजबूत थे, फिर जिनके पास जमीन का बड़ा हिस्सा था, फिर जिनके पास बड़ी सेनाएँ थीं और हाल ही में उनके हाथ में है, जिनके पास तकनीक है।"

इस बात पर जोर देते हुए कि दुनिया और उसकी शक्ति-गतिशीलता बदल रही है, डोभाल ने कहा, "पहले सत्ता की बागडोर उन लोगों के हाथों में थी, जो शारीरिक रूप से मजबूत थे, फिर जिनके पास जमीन का बड़ा हिस्सा था, फिर जिनके पास बड़ी सेनाएँ थीं और हाल ही में उनके हाथ में है, जिनके पास तकनीक है।"

उन्होंने कहा कि जो लोग अपने आसपास हो रहे परिवर्तनों को पहचानने में सक्षम नहीं थे, वे असफल रहे। "केवल वे ही, जो परिवर्तन देख सकते हैं और जो दुनिया को सकारात्मक दृष्टिकोण से देखते हैं, जो सोचते हैं कि सीखने के लिए बहुत कुछ है और जो हर व्यक्ति एवं हर कार्य में सकारात्मकता देखते हैं, वे सफल होंगे। उनके लिए दरवाजे बंद हो जाएँगे, जिनका रवैया नकारात्मक है।" उन्होंने कहा।

छात्रों को संबोधित करते हुए डोभाल ने कहा कि 51 साल पहले उन्होंने स्नातकोत्तर की पढ़ाई पूरी करने के बाद एक छात्र के रूप में एक दीक्षांत समारोह में भाग लिया था। "मुझे आशा है कि आपने यहाँ जो ज्ञान प्राप्त किया है, उससे

आप आनेवाले समय में अपनी जिम्मेदारियों को प्रभावी ढंग से पूरा करेंगे।

"लेकिन मेरा एक प्रश्न है। आपने यहाँ जो सीखा, क्या वह अगले 50 वर्षों के लिए पर्याप्त है? यह कैसी दुनिया होगी? यह कैसा समाज होगा? क्या आप उस नई दुनिया के लिए तैयार हैं?" उन्होंने पूछा।

एक कहानी साझा करते हुए डोभाल ने कहा कि जब बुद्ध मृत्यु-शय्या पर थे, उनके शिष्य आनंद ने पूछा कि भौतिक शरीर छोड़ने के बाद उन्हें कौन रास्ता दिखाएगा? बुद्ध ने उन्हें एक मंत्र दिया, 'अप्प दीपो भव', या अपने आप में प्रकाश बनो। इस दुनिया में आप हर जगह सीख सकते हैं। यदि आपका मन लयबद्ध है तो उसे हर तरफ से ज्ञान प्राप्त होगा। उन्होंने कहा, "अपने स्वयं के गुरु और शिष्य बनें।"

एक कहानी साझा करते हुए डोभाल ने कहा कि जब बुद्ध मृत्यु-शय्या पर थे, उनके शिष्य आनंद ने पूछा कि भौतिक शरीर छोड़ने के बाद उन्हें कौन रास्ता दिखाएगा? बुद्ध ने उन्हें एक मंत्र दिया, 'अप्प दीपो भव', या अपने आप में प्रकाश बनो।

मानद उपाधि प्राप्त किए जाने पर डोभाल ने कहा, "मुझे इस सम्मान के बारे में एक साल पहले बताया गया था; लेकिन मैं थोड़ा अनिच्छुक था। मैं एकेडेमिया से नहीं हूँ। मैं जीवन भर एक 'ऑपरेशनल मैन' रहा हूँ। मैं इस सम्मान को विनम्रता व कृतज्ञता के साथ स्वीकार करता हूँ।"

विश्वविद्यालय के चांसलर के.के. पॉल ने कहा, "आज का दिन वाकई बहुत खास है। कुमाऊँ विश्वविद्यालय ने हमारे सबसे प्रतिष्ठित सपूत अजीत डोभाल को सम्मानित कर एक तरह से खुद को सम्मानित किया है।"

मुख्यमंत्री ने अपने संबोधन में कहा कि अमेरिका में पढ़ानेवाले एक प्रोफेसर ने एक बार उनसे कहा था कि उत्तराखंड में मानव संसाधन बहुत हैं, लेकिन व्यावसायिकता की कमी है। उन्होंने युवाओं से उद्यमशीलता, कौशल एवं व्यावसायिकता विकसित करने और राज्य के विकास में योगदान देने तथा राज्य से बाहर प्रवास पर रोक लगाने का आग्रह किया।

□

भारत की 'मानव पूँजी'

यह देखते हुए कि चीन को दुनिया में दुर्लभ पृथ्वी का बड़ा हिस्सा मिला है, जबकि भारत को कम, राष्ट्रीय सुरक्षा सलाहकार अजीत डोभाल ने कहा कि देश अपने जनसांख्यिकीय लाभांश 'युवा आबादी' को एक संपत्ति में परिवर्तित करके इसका मुकाबला कर सकता है। एक कार्यक्रम में बोलते हुए उन्होंने कहा कि भारत एक प्रमुख शक्ति बनने की कल्पना करता है और चीन सहित अन्य प्रमुख शक्तियों के रूप में अपनी 'दुर्लभ मानव संपदा' (25 वर्ष से कम उम्र की 50 प्रतिशत आबादी के साथ 130 करोड़ आबादी) का उपयोग करने की आवश्यकता है।

एमिटी यूनिवर्सिटी, नोएडा के दीक्षांत समारोह में छात्रों को संबोधित करते हुए डोभाल ने कहा, "इन दिनों हम सोच रहे हैं कि दुनिया के साथ क्या होने जा रहा है कि यह प्रौद्योगिकी, हथियार, उद्योग, व्यापार के परिवर्तन में आता है और हम पाते हैं कि एक चीज, जो सबसे ज्यादा अंतर पैदा करने जा रही है, वह है जिसे आप कहते हैं 'रेयर अर्थ', जिसमें रेडियोधर्मी सामग्री, यूरेनियम और अन्य उच्च क्षमता वाली सामग्री शामिल है।"

उन्होंने कहा, "दुर्लभ पृथ्वी, एक महत्त्वपूर्ण, गैर-नवीकरणीय प्राकृतिक संसाधन और मिश्र धातुओं का उपयोग रोजमर्रा के उपयोग के कई उपकरणों में किया जाता है; जैसे कि कंप्यूटर मेमोरी, रिचार्जेबल बैटरी, सेल फोन, उत्प्रेरक कन्वर्टर्स, मैग्नेट, फ्लोरोसेंट लाइटिंग आदि।"

"भारत, जो दुनिया की एक प्रमुख शक्ति होने की कल्पना करता है, दुनिया में प्रतिस्पर्धा कैसे करेगा, जहाँ प्राकृतिक संसाधनों जैसी संपत्तियाँ उन शक्तियों

के साथ प्रतिस्पर्धा नहीं कर सकतीं, जिनके साथ हम प्रतिस्पर्धा करना चाहते हैं, जरूरी नहीं कि परस्पर विरोधी तरीके से! हमें एक संसाधन मिला और वह है 130 करोड़ लोगों की 'दुर्लभ मानव संपदा' और उनमें से 50 प्रतिशत 25 वर्ष से कम आयु वर्ग के हैं।

"जरा सोचिए, अगर यह 'दुर्लभ पृथ्वी' उन उच्च-प्रौद्योगिकी वस्तुओं में परिवर्तित हो सकती है, यदि यह 'मानव धन' अपने आपको वास्तविक मूल्य में परिवर्तित कर सके।"

उन्होंने कहा कि एक विशाल, युवा जन-शक्ति अपने आप में एक संपत्ति नहीं हो सकती है, जब तक कि इसे ठीक से चैनल नहीं किया जाता। उन्होंने कहा कि वर्तमान देश के हजारों वर्षों के इतिहास में हमारे पास सबसे युवा पीढ़ी है, जिसके पास व्यापक अवसर हैं।

"जरा सोचिए, अगर यह 'दुर्लभ पृथ्वी' उन उच्च-प्रौद्योगिकी वस्तुओं में परिवर्तित हो सकती है, यदि यह 'मानव धन' अपने आपको वास्तविक मूल्य में परिवर्तित कर सके।"

उन्होंने युवाओं से ज्ञान व कौशल विकसित करने का आह्वान करते हुए कहा, "यदि युवाओं को लाभकारी रूप से नियोजित करके उन्हें चैनल नहीं किया जाता है तो यह बड़ी समस्याओं का स्रोत हो सकता है। यदि किसी के पास सही क्षमताएँ व इरादे हैं तो उन्हें चैनलाइज किया जा सकता है और देश की सेवा करने के लिए सही रवैया यही है।"

उन्होंने छात्रों को सलाह दी कि जीवन की संपूर्ण प्रगति को तीन महत्त्वपूर्ण बिंदुओं को ध्यान में रखते हुए निर्देशित व मूल्यांकित किया जा सकता है। इस ज्ञान में सही मूल्यांकन कि आप वर्तमान में कहाँ खड़े हैं, इस पर ध्यान केंद्रित करें कि आप कहाँ होना चाहते हैं और किस मार्ग का अनुसरण करना चाहिए।

डोभाल ने कहा, "भारतीय युवाओं के साथ समस्या यह है कि वे भविष्य में कहाँ होना चाहिए, इस पर सपने देखने के लिए आनुपातिक रूप से बहुत अधिक समय व्यतीत करते हैं, जो महत्त्वपूर्ण है; लेकिन मार्ग पर ध्यान देना भी आवश्यक है।"

□

शांतिदूत अजीत डोभाल

सन् 1972 में केरल में हुए दंगों से लेकर हाल की जम्मू व कश्मीर अशांति तक डोभाल संकट में सबसे आगे रहे हैं।

राष्ट्रीय सुरक्षा सलाहकार अजीत डोभाल को पिछले दिनों भाजपा सरकार की ओर से 'शांतिदूत' के रूप में उत्तर-पूर्वी दिल्ली के हिंसा-प्रभावित उपनगरों से गुजरते हुए देखा गया। प्रधानमंत्री नरेंद्र मोदी और गृह-मंत्री अमित शाह ने सीधे डोभाल को दिल्ली में शांति बहाली सुनिश्चित करने का काम सौंपा था।

डोभाल ने अमेरिकी राष्ट्रपति डोनाल्ड ट्रंप के अपनी वापसी की उड़ान शुरू करने के तुरंत बाद पीड़ितों से मुलाकात की, हिंसा-प्रभावित क्षेत्रों का देर रात दौरा किया। उन्होंने फिर से वरिष्ठ अधिकारियों के साथ प्रभावित क्षेत्रों का दौरा किया, जहाँ उन्होंने स्थानीय लोगों से मुलाकात की और उन्हें आश्वासन दिया कि स्थिति नियंत्रण में है।

डोभाल, 'इंडियन जेम्स बॉण्ड' ने सन् 1972 में बहुत पहले केरल में कुछ ऐसा ही किया था। सन् 1968 बैच के केरल कैडर के इस आई.पी.एस. अधिकारी ने कुख्यात थलासेरी दंगे को दबाने में महत्त्वपूर्ण भूमिका निभाई थी, जो दसवाँ प्रमुख सांप्रदायिक दंगा था, जो देश ने देखा था और केरल के लिए पहला।

वर्ष 1971 के अंतिम दिनों में दो समुदायों के बीच झड़पें शुरू हो गई थीं और 1972 के पहले सप्ताह तक तनाव पूरी तरह से हिंदू-मुसलिम दंगों तक फैल गया था। इसकी शुरुआत 28 दिसंबर को हुई थी, जब एक धार्मिक जुलूस की ओर जूता फेंका गया था। आर.एस.एस. पर मुसलमानों एवं उनकी मसजिदों

को निशाना बनाने का आरोप लगाया गया। सी.पी.आई. (एम) ने मुसलमानों का पक्ष लिया और झड़पें बढ़ गईं। यह महसूस करते हुए कि स्थिति हाथ से निकल रही थी, तत्कालीन गृह मंत्री के. करुणाकरण ने हिंसा को समाप्त करने का कार्य सौंपने के लिए स्पष्ट रूप से 'सबसे चतुर पुलिसकर्मियों' की तलाश की और उस समय जूनियर आई.पी.एस. अधिकारियों में से एक मिला—कोट्टायम में बतौर ए.एस.पी. तैनात अजीत डोभाल।

हिंसा के केंद्र थलासेरी पहुँचे डोभाल ने कार्यभार सँभालने के तुरंत बाद सभी प्रभावित इलाकों का दौरा किया। उन्होंने पीड़ितों को अपने घरों में वापस जाने के लिए कहा था और सभी लुटेरों को कानून के सामने लाने का वादा किया। उन्होंने पीड़ितों से यह भी कहा कि उनका लूटा हुआ सारा सामान वापस लाया जाएगा।

डोभाल आई.बी. में शामिल होने से पहले चार महीने तक कन्नूर में कानून व व्यवस्था के प्रभारी बने रहे। उनका शेष जीवन निश्चित रूप से भारतीय जासूसी के इतिहास का एक दिलचस्प अध्याय है।

डोभाल, जो उस समय सेवा के तीसरे वर्ष में थे, ने अपनी बात रखी। उनके आने के एक सप्ताह के भीतर दंगा दबा दिया गया।

डोभाल आई.बी. में शामिल होने से पहले चार महीने तक कन्नूर में कानून व व्यवस्था के प्रभारी बने रहे। उनका शेष जीवन निश्चित रूप से भारतीय जासूसी के इतिहास का एक दिलचस्प अध्याय है।

वर्ष 2007 की गृह मंत्रालय की एक रिपोर्ट के अनुसार, जिसमें देश में बड़े दंगों का अध्ययन किया गया था, थलासेरी दंगों में अशांति का पहला चरण असामाजिक तत्त्वों द्वारा पूर्व नियोजित था। दूसरा चरण मुसलमानों द्वारा प्रतिशोध की प्रकृति का था और तीसरा चरण हिंदुओं द्वारा प्रतिशोध था।'

दो संघर्षों के बीच समानताएँ मिल भी सकती हैं और नहीं भी, लेकिन उन सँकरी गलियों से गुजरते हुए डोभाल को जरूर पता होगा कि उन्हें क्या करना है।

□

सुपरस्पाई डोभाल

उनसे पहले कोई भी जासूस इतना सक्षम नहीं रहा कि वह दुश्मन के इलाके के अंदर तक सावधानीपूर्वक कल्पित आतंकवाद-रोधी अभियान चला सके। उन्होंने व्यक्तिगत रूप से एजेंटों को अशांत कश्मीर में विद्रोही ठिकाने की पूरी टोह लेने की खतरनाक कला में प्रशिक्षित किया है, जो जीवन और स्वतंत्रता के लिए बहुत बड़ा जोखिम है। उन्होंने दशकों से पूर्वोत्तर के खतरनाक इलाकों में संदिग्ध आतंकवादियों को ट्रैक करने, पंजाब में आतंकवादी संगठनों में घुसपैठ करने, खतरनाक आतंकवाद-विरोधी अभियानों का संचालन करने और सबसे महत्त्वपूर्ण बात यह है कि हजारों मील दूर काम कर रहे भारत के जासूसों के लिए पिता के रूप में कार्य किया है। घर से दूर गुप्त संचालन से दूर किसी अन्य भारतीय एजेंसी ने शायद जनरल विक्रम सिंह द्वारा ध्वस्त किए गए तकनीकी सेवा प्रभाग के अपवाद के साथ अतीत में प्रयास करने का साहस नहीं किया था।

अजीत कुमार डोभाल, इंटेलिजेंस ब्यूरो के पूर्व निदेशक और अब मोदी सरकार में नए राष्ट्रीय सुरक्षा सलाहकार, भारतीय जासूसी की गुप्त दुनिया में एक सम्मानित व्यक्ति हैं। फील्ड एजेंट के रूप में 'मास्टर' ने सन् 1986 में एक अंडरकवर ऑपरेशन में उत्तर-पूर्व विद्रोह की कमर को सफलतापूर्वक तोड़ दिया था, जिसने उन्हें स्थायी प्रसिद्धि दी थी—लालडेंगा के संगठन के 7 में से 6 कमांडरों का भारतीय उद्‌देश्य के लिए दल-बदल तथा शांति समझौते पर हस्ताक्षर करने के लिए अलगाववादियों को मजबूर करना।

एक ऑपरेटिव के रूप में अपने सुनहरे दिनों में डोभाल की खतरे की लत, नॉर्थ ब्लॉक में एक बाबू की मेज के पीछे सुरक्षित रूप से जीवन बिताने के

बजाय आई.एन.टी. रिपोर्ट का प्रारूप तैयार करना और उस पर हस्ताक्षर करना उन्हें महानता के लिए चिह्नित करता है। एक युवा व्यक्ति के रूप में वे एक रोमांचक जीवन के साधक रहे। वयोवृद्ध खुफिया विश्लेषकों का मानना है कि 'डोभाल प्रभाव' पाकिस्तान और चीन के प्रति पी.एम.ओ. की आक्रामक विदेश नीति को भी प्रभावित करता है।

डोभाल के साथ काम कर चुके इंटेलिजेंस ब्यूरो के पूर्व निदेशक डी.सी. पाठक का कहना है कि सरकार का एन.एस.ए. का चयन पूरी तरह से काम के अनुरूप है। "जिन चुनौतियों और समस्याओं का हम सामना करते हैं, वे सभी अच्छी तरह से जानते हैं। अब हमारे पास काम के लिए सही आदमी है। मैंने हमेशा इस बात की वकालत की है कि फील्ड ऑपरेशंस बैकग्राउंड वाले किसी व्यक्ति को एन.एस.ए. होना चाहिए।"

उनकी नियुक्ति की औपचारिक घोषणा के कुछ घंटे बाद कश्मीर सीमा पर आतंकवादियों की बातचीत से पता चला कि पाक अधिकृत कश्मीर (पी.ओ.के.) में आतंकी कमांडर चाकू की धार पर हैं। भारत के मोस्ट वांटेड दाऊद इब्राहिम, जो कराची में आई.एस.आई. का बेशकीमती मेहमान था, ने तुरंत अपना ठिकाना पाक-अफगान सीमा के पास स्थानांतरित कर लिया।

डोभाल के साथ काम कर चुके इंटेलिजेंस ब्यूरो के पूर्व निदेशक डी.सी. पाठक का कहना है कि सरकार का एन.एस.ए. का चयन पूरी तरह से काम के अनुरूप है। "जिन चुनौतियों और समस्याओं का हम सामना करते हैं, वे सभी अच्छी तरह से जानते हैं। अब हमारे पास काम के लिए सही आदमी है। मैंने हमेशा इस बात की वकालत की है कि फील्ड ऑपरेशंस बैकग्राउंड वाले किसी व्यक्ति को एन.एस.ए. होना चाहिए।"

वर्ष 1988 में स्वर्ण मंदिर के आसपास अमृतसर के जरनैल सिंह भिंडराँवाले का बोलबाला था। खालिस्तानी उग्रवादियों ने एक रिक्शा-चालक को वहाँ देखा। वह क्षेत्र में नया था और काफी साधारण-सा लग रहा था। संदिग्ध आतंकवादियों ने उसे अपनी निगरानी सूची में डाल लिया। रिक्शा-चालक ने

उग्रवादियों को आश्वस्त किया कि वह एक आई.एस.आई. कार्यकर्ता था, जिसे उसके पाकिस्तानी आकाओं ने खालिस्तान की मदद करने के लिए भेजा था। 'ऑपरेशन ब्लैक थंडर' से दो दिन पहले रिक्शा-चालक ने स्वर्ण मंदिर में प्रवेश किया और तीर्थस्थल के अंदर आतंकवादियों की वास्तविक ताकत और स्थिति सहित महत्त्वपूर्ण जानकारी के साथ लौटा। वह कोई और नहीं, बल्कि अंडरकवर अजीत डोभाल थे। जब अंतिम हमला हुआ तो युवा पुलिस अधिकारी हरमंदिर साहिब के अंदर था, जो सुरक्षा बलों को तलाशी और फ्लश अभियान चलाने के लिए आवश्यक जानकारी दे रहा था।

'ऑपरेशन ब्लैक थंडर' के बाद डोभाल से मिले एक खुफिया अधिकारी कहते हैं, "उनकी भेदी निगाह और रहस्यमयी मुसकान हमेशा के लिए मेरी स्मृति में अंकित हो गई है। जोखिम अधिक था, लेकिन हमारे सुरक्षा बलों को डोभाल से हमले का खाका मिला। उसके द्वारा नक्शे, ताकत, हथियार और आतंकवादियों के छिपे हुए स्थान जैसे विवरण दिए गए थे। आई.बी. ने अनगिनत लोगों की जानें बचाने तथा स्वर्ण मंदिर को और नुकसान होने से बचाने के लिए एन.एस.जी. को सूचना दी।"

उनकी भेदी निगाह और रहस्यमयी मुसकान हमेशा के लिए मेरी स्मृति में अंकित हो गई है। जोखिम अधिक था, लेकिन हमारे सुरक्षा बलों को डोभाल से हमले का खाका मिला। उसके द्वारा नक्शे, ताकत, हथियार और आतंकवादियों के छिपे हुए स्थान जैसे विवरण दिए गए थे।

इसी तरह, मिजोरम में '80 के दशक में उनके अभियानों में महत्त्वपूर्ण विद्रोंही नेताओं के आत्मसमर्पण को खत्म करने और उन्हें प्रभावित करने में अभूतपूर्व सफलता प्राप्त की। डोभाल की रणनीति विद्रोहियों पर कड़ी काररवाई करने के लिए जमीन पर एजेंटों से मिली जानकारी का इस्तेमाल करना था, जबकि कट्टर देशद्रोहियों के खिलाफ गुप्त ऑपरेशन किए गए थे। डोभाल के अधीन काम करनेवाले एक खुफिया अधिकारी ने फील्ड ऑपरेशन में लगे भरोसेमंद एजेंटों के प्रति अपनी अनौपचारिक शैली का वर्णन किया है, "उन्हें

अपनी भूमिकाओं को 'जीने' के लिए प्रोत्साहित किया गया और बिना किसी प्रश्न के पूछे जाने पर वे वैसे भी कपड़े पहने काम पर आ सकते थे, जो उन्हें पसंद थे।"

अधिकारी याद करते हैं, "हमें बाबुओं की तरह कपड़े पहनने की जरूरत नहीं थी। ऑपरेटिव कुरता, पाजामा और लुंगी में सैंडल पहनकर आएँगे। जो कोई भी दुश्मन के इलाके में एक सेशन की तैयारी कर रहा था, उसे 'भूमिका में आने के लिए' दाढ़ी बढ़ाने की अनुमति थी। अन्य उर्दू व अरबी सीखने के लिए मौलवियों को रख सकते थे। अपने कवर के हिस्से के रूप में कुछ एजेंटों ने जूते बनाना सीखने में दिन बिताए और बाद में विदेशों सहित लक्षित क्षेत्रों में मोची के रूप में काम किया। डोभाल साहब खुद उर्दू के विशेषज्ञ हैं।" अधिकारी गर्व से कहते हैं।

हमें बाबुओं की तरह कपड़े पहनने की जरूरत नहीं थी। ऑपरेटिव कुरता, पाजामा और लुंगी में सैंडल पहनकर आएँगे। जो कोई भी दुश्मन के इलाके में एक सेशन की तैयारी कर रहा था, उसे 'भूमिका में आने के लिए' दाढ़ी बढ़ाने की अनुमति थी। अन्य उर्दू व अरबी सीखने के लिए मौलवियों को रख सकते थे।

'90 के दशक में खूँखार कश्मीरी आतंकवादी कूका परे का आत्मसमर्पण डोभाल के लिए एक विलक्षण कार्य था। उनका कौशल ऐसा था कि आतंकवादी मनोवैज्ञानिक प्रोफाइल से लैस वे ब्रेनवॉश करने और कूका परे व गिरोह को विद्रोही बनने के लिए राजी करने में सक्षम थे। "वे 1990 के दशक में किसी समय परे से मिले और उसे सरकार की मदद करने के लिए प्रेरित किया।" एक सेवारत खुफिया ऑपरेटिव ने स्वीकार किया, जिसने एक युवा व्यक्ति के रूप में कश्मीर में काररवाई देखी थी और अधिक विवरण देने से इनकार कर दिया। कूका परे और उनके संगठन 'इखवान-ए-मुस्लिमून' ने भारतीय सेना की मदद से घाटी में शीर्ष आतंकवादी कमांडरों को मार गिराया। कूका परे एक राजनीतिक जीत भी थी। ऑपरेशन ने केंद्र को बाद में सन् 1996 में जम्मू व कश्मीर में विधानसभा चुनाव कराने में सक्षम बनाया। कूका परे, जो चुनावों में

विधायक बने, बाद में एक आतंकवादी हमले में मारे गए।

अधिकारी का कहना है कि तब 'नई दिल्ली' निश्चित नहीं था कि डोभाल सफल होंगे। जटिल राजनीतिक स्थिति से अवगत होने के कारण, लेकिन तख्तापलट ने उन्हें एजेंसी के भीतर उनके कट्टर आलोचकों का भी सम्मान दिलाया, जो पाकिस्तान-प्रायोजित आतंकी संगठनों के साथ शांति नीति की वकालत कर रहे थे। मनोवैज्ञानिक युद्ध के उस्ताद कश्मीर में कई मिथकीय कारनामों में डोभाल की भूमिका सिर्फ एक क्रूर जासूस से एक चतुर रणनीतिकार तक फैली, जिसने यासीन मलिक, शब्बीर शाह, मौलवी फारूक और यहाँ तक कि पाक-समर्थक एस.ए.एस. सहित विभिन्न अलगाववादियों को वार्त्ता की मेज पर लाया गया।

अधिकारी का कहना है कि तब 'नई दिल्ली' निश्चित नहीं था कि डोभाल सफल होंगे। जटिल राजनीतिक स्थिति से अवगत होने के कारण, लेकिन तख्तापलट ने उन्हें एजेंसी के भीतर उनके कट्टर आलोचकों का भी सम्मान दिलाया, जो पाकिस्तान-प्रायोजित आतंकी संगठनों के साथ शांति नीति की वकालत कर रहे थे।

खुफिया एजेंट स्वीकार करते हैं कि हालाँकि भारत के जॉर्ज स्माइली ने वर्ष 2005 में अपने पद से इस्तीफा दे दिया था, फिर भी वे अनौपचारिक रूप से इस क्षेत्र में गुप्त मिशनों का निर्देशन कर रहे थे। अगस्त 2005 में एक विकीलीक्स केबल ने बताया था कि डोभाल ने दाऊद को पकड़ने के लिए आई.बी. ऑपरेशन की योजना बनाई थी, किंतु मुंबई पुलिस में कुछ भेदियों द्वारा दाऊद को खबर कर दिए जाने के बाद वह भाग गया था। एक खुफिया अधिकारी ने कहा, "दाऊद के पाकिस्तान में अपना अड्डा बदलने की खबरें विश्वसनीय लगती हैं, क्योंकि डोभाल एक दशक से अधिक समय से उसका पीछा कर रहे हैं।"

डोभाल की नई रणनीति

- शासन द्वारा व्यवस्थित रूप से नष्ट किए गए सुरक्षा और खुफिया तंत्र के बीच समन्वय को मजबूत करना, पुनरुज्जीवित करना और सुनिश्चित करना।
- सीमा पार आतंकवाद से निपटने के लिए नौकरशाही व्यवस्था द्वारा कमजोर सुरक्षा एजेंसियों के अधिकार को अधिकतम करना।
- पनाह देने के लिए जानेवाले पाकिस्तान और अन्य पड़ोसी देशों से निपटने के लिए एक मजबूत नीति तैयार करना।
- जिला व स्थानीय स्तर पर मानव बुद्धि की पैठ को मजबूत करना और सुनिश्चित करना।
- खुफिया व्यवस्था के एकीकरण के लिए राष्ट्रीय खुफिया ग्रिड बनाना।
- नक्सल-विरोधी नीति विकसित करना।
- सुनिश्चित करना कि निर्दोषों की पूरी सुरक्षा हो और जेल में बंद लोगों के मामले शीघ्र निबटें।

□

सर्जिकल स्ट्राइक और अजीत डोभाल

भारतीय सेना के एक उच्च समूह ने नियंत्रण रेखा के पार सर्जिकल स्ट्राइक की, जिसमें पाकिस्तान के कब्जेवाले कश्मीर में 35 से 40 आतंकवादी मारे गए। पैरा-कमांडो द्वारा किए गए पूर्व नियोजित सर्जिकल स्ट्राइक ने 'रणनीतिक संयम' की भारतीय नीति में बदलाव को चिह्नित किया। लेकिन यह पहली बार 7 अक्तूबर, 2014 को हुआ, जब राष्ट्रीय सुरक्षा सलाहकार अजीत डोभाल ने सशस्त्र बलों को आदेश दिया कि वे थोड़े से उकसावे पर भी पाकिस्तान को 'पूरी ताकत' से जवाब दें। सर्जिकल स्ट्राइक के बाद भारत के लोगों ने इसे खुशी से मनाया। कुछ ने नरेंद्र मोदी और भारतीय सेना को श्रेय दिया; लेकिन बहुत कम लोग जानते हैं कि स्ट्राइक के पीछे अजीत डोभाल थे।

नई मानक संचालन प्रक्रियाओं के हिस्से के रूप में अजीत डोभाल ने अपनी गुरुवार की रात साउथ ब्लॉक में स्थित वॉर रूम में बिताई, जिसमें रक्षा मंत्रालय है। पूरे ऑपरेशन पर अजीत डोभाल, रक्षा मंत्री मनोहर पर्रिकर और सेनाध्यक्ष जनरल दलबीर सिंह ने कड़ी निगरानी रखी। ऐसा माना जाता है कि वर्ष 2014 में भाजपा के सत्ता में आने के बाद, और खासकर अजीत डोभाल के भारत के पाँचवें राष्ट्रीय सुरक्षा सलाहकार के रूप में नियुक्त होने के बाद, भारत ने पहली बार आक्रामक रुख अपनाया।

वॉर रूम के अंदर क्या हुआ?

एक रिपोर्ट के मुताबिक, बुधवार रात करीब 11 बजे तीनों—अजीत डोभाल, मनोहर पर्रिकर एवं जनरल दलबीर सिंह अलग-अलग वॉर रूम में

पहुँचे और ऑपरेशन खत्म होने तक रुके रहे। पैरा-कमांडो सुरक्षित अपने बेस पर पहुँच गए। एक करीबी सूत्र ने वॉर रूम के माहौल का वर्णन किया और इसकी तुलना उस रात से की, जब ओसामा बिन लादेन को अमेरिकी विशेष बलों ने मार गिराया था और राष्ट्रपति बराक ओबामा सहित अमेरिकी सुरक्षा अधिकारी स्थिति की बारीकी से निगरानी कर रहे थे।

ऐसी अफवाहें भी रहीं कि आतंकवादियों के हताहत होने की संख्या बहुत अधिक हो सकती है, क्योंकि आधिकारिक आँकड़े भारत व पाकिस्तान दोनों द्वारा साझा नहीं किए जाते हैं। वॉर रूम के अंदर मौजूद एक करीबी सूत्र ने बताया कि कुछ आतंकवादी सुरक्षा के लिए हाथापाई करते हैं, जबकि कुछ को काट दिया गया था और अन्य कुछ नियंत्रण रेखा के साथ लॉञ्चिंग पैड पर शरण माँग रहे थे।

भारतीय सेना ने सबसे पहले पाकिस्तान अधिकृत कश्मीर के करीब 20 कि.मी. अंदर आतंकी ठिकानों को निशाना बनाया और भारी तोपें दागीं। आतंकवादियों को तब तक ड्रोन द्वारा ट्रैक किया गया था, जब तक कि उन्होंने नियंत्रण रेखा के पास स्थित अपने लॉञ्चिंग पैड पर शरण नहीं ली थी। हर लॉञ्चिंग पैड पर करीब एक दर्जन आतंकियों ने पनाह ली थी। पैरा कमांडो, जिन्हें मौके पर ही पैरा-ड्रॉप कर दिया गया था, ने लॉञ्चिंग पैड्स को घेर लिया और लगभग 35 से 40 आतंकवादियों को मार गिराया।

ऐसी अफवाहें भी रहीं कि आतंकवादियों के हताहत होने की संख्या बहुत अधिक हो सकती है, क्योंकि आधिकारिक आँकड़े भारत व पाकिस्तान दोनों द्वारा साझा नहीं किए जाते हैं। वॉर रूम के अंदर मौजूद एक करीबी सूत्र ने बताया कि कुछ आतंकवादी सुरक्षा के लिए हाथापाई करते हैं, जबकि कुछ को काट दिया गया था और अन्य कुछ नियंत्रण रेखा के साथ लॉञ्चिंग पैड पर शरण माँग रहे थे। कुछ लोगों का मानना है कि इस ऑपरेशन में लगभग 60 लोग मारे गए थे और पाकिस्तानी सेना के कम-से-कम 10 जवान मारे गए थे। लेकिन ऐसा लगता है कि हताहतों की

वास्तविक संख्या कभी ज्ञात नहीं हो सकती है।

यह काफी चौंकानेवाली बात है कि 'सर्जिकल स्ट्राइक' से पहले भारत में इस तरह के ऑपरेशन के लिए कोई मानक संचालन प्रक्रिया नहीं थी। कंधार के विमान अपहरण के बाद तत्कालीन एन.एस.ए. ब्रजेश मिश्र और अजीत डोभाल के बॉस ने चार बार ऐसी प्रक्रियाएँ रखीं, जिन्हें बाद में सरकार ने हटा दिया। □

इराक में गुप्त मिशन

इराक से विद्रोहियों द्वारा बंदी भारतीयों को स्वदेश लाने के लिए भारत की राजनयिक पहुँच राष्ट्रीय सुरक्षा सलाहकार अजीत डोभाल एवं इंटेलिजेंस ब्यूरो के निदेशक आसिफ इब्राहिम द्वारा संचालित की गई थी। भारत की राजनयिक पहुँच 46 नर्सों को घर लाने के साथ-साथ इराक में हजारों अन्य भारतीयों को हिंसाग्रस्त देश छोड़ने में मदद करने के लिए राष्ट्रीय सुरक्षा सलाहकार अजीत डोभाल एवं इंटेलिजेंस ब्यूरो के निदेशक आसिफ इब्राहिम द्वारा संचालित किया गया, जिन्होंने क्रमश: बगदाद व रियाध के लिए उड़ान भरी थी।

उनके मिशन, जिसे उस समय गुप्त रखा गया था, में विदेश मंत्री सुषमा स्वराज द्वारा क्षेत्र में उनके समकक्षों को फोन कॉल द्वारा सूचित किया जा रहा था।

जून 2014 के अंत में तिकरित में 46 नर्सों के साथ-साथ मोसुल में 39 पुरुषों की स्थिति जटिल लग रही थी। विद्रोही समूहों के बारे में कोई वास्तविक खुफिया जानकारी नहीं थी। आई.एस.आई. ने तिकरित, मोसुल एवं बाईजी रिफाइनरी सहित कई शहरों पर कब्जा कर लिया था। कई स्थानों पर उन्हें बाथिस्ट समूहों द्वारा अभी भी सद्दाम हुसैन के अवशिष्ट शासन के प्रति वफादार विद्रोही सैन्य कमांडरों द्वारा सहायता प्रदान की गई थी, जिससे काम और मुश्किल हो गया था।

एक गंभीर स्थिति का सामना करते हुए प्रधानमंत्री नरेंद्र मोदी ने डोभाल को तिकरित और मोसुल में लड़ाई पर नवीनतम खुफिया जानकारी के साथ-साथ इराक में सभी भारतीयों को निकालने की संभावनाओं पर चर्चा करने के लिए

एक उच्च स्तरीय बैठक बुलाने के लिए कहा। बैठक के एक दिन बाद, 25 जून, 2014 को, डोभाल जमीन पर स्थिति को समझने और इराकी सरकार में उच्च स्तरीय संपर्क बनाने के लिए एक शीर्ष गुप्त मिशन पर इराक गए।

चूँकि इराक में संघर्ष क्षेत्र मुख्य रूप से सुन्नी विद्रोहियों एवं आतंकवादी समूहों द्वारा आयोजित किया जाता है, इसलिए इब्राहिम को इन समूहों पर खुफिया जानकारी के बारे में वरिष्ठ अधिकारियों से बात करने के लिए 25-26 जून को रियाद भेजा गया था।

चार आतंकवादी जब एम.जे. नित्यामोल और 45 दूसरी भारतीय नर्सों को बस में ठूँस रहे थे, तब उनके अस्पताल के इमरजेंसी वार्ड से बम धमाके के बाद गहरा काला धुआँ उठ रहा था। धमाके के कारण ढही दीवारों पर लगा ढेर सारा खून अभी तक सूखा भी नहीं था। चारों ओर मांस के लोथड़े और बाल बिखरे दिखाई दे रहे थे।

चार आतंकवादी जब एम.जे. नित्यामोल और 45 दूसरी भारतीय नर्सों को बस में ठूँस रहे थे, तब उनके अस्पताल के इमरजेंसी वार्ड से बम धमाके के बाद गहरा काला धुआँ उठ रहा था। धमाके के कारण ढही दीवारों पर लगा ढेर सारा खून अभी तक सूखा भी नहीं था। चारों ओर मांस के लोथड़े और बाल बिखरे दिखाई दे रहे थे।

उस समय इराक में सद्दाम हुसैन के गृह शहर तिकरित के उस वीराने में 29 वर्षीय नित्यामोल का शरीर अपनी मृत्यु की आशंका से बुरी तरह थरथराने लगा था। उन्हें और उनकी साथियों को 'इसलामिक स्टेट ऑफ इराक एंड सीरिया' (आई.एस.आई.एस.) के लड़ाकों ने कुछ ही पल पहले अस्पताल से बाहर निकल आने का हुक्म सुनाया था।

उन लड़ाकों के कंधों से एसॉल्ट राइफलें लटकी हुई थीं। उन्होंने काले चश्मे पहन रखे थे और काले कपड़े से चेहरे ढँके हुए थे। नित्यामोल के देखते-देखते उनमें से एक लड़ाका अचानक मुड़ा। उसने अपनी एसॉल्ट राइफल से तिकरित टीचिंग अस्पताल की ऊपरी मंजिल की ओर निशाना लगाया और दनादन गोलियाँ बरसाने लगा।

उस मंजिल पर नर्सों की रिहाइश और कार्यस्थल था। हफ्ते भर से गोलियों व बम धमाकों से बचते-बचाते सभी नर्सों ने यहीं पर पनाह ली हुई थी। उस लड़ाके ने जैसे ही गोलियाँ चलाईं, उस मंजिल के सारे शीशे टूटने लगे और उनके टुकड़े नर्सों पर बरसने लगे। घबराई हुई नर्सें चीखने-चिल्लाने लगीं। उनमें से कुछ अपनी तीन घायल साथियों की ओर दौड़ीं, जो शीशों के टुकड़ों की बारिश में खून से लथपथ हो चुकी थीं।

बस आगे बढ़ी। मोसुल तक की आठ घंटे की यात्रा के दौरान नर्सें रो रही थीं, एक-दूसरे से लिपटकर ढाढ़स बँधा रही थीं और ईश्वर से गुहार लगा रही थीं। बस काफी घुमावदार रास्तों से गुजर रही थी। शायद सड़कें सुरक्षित नहीं थीं। नर्सों को कुछ भी पता नहीं चल पा रहा था कि उन्हें कहाँ ले जाया जा रहा है। बस की खिड़कियों पर मोटे परदे पड़े थे।

बस आगे बढ़ी। मोसुल तक की आठ घंटे की यात्रा के दौरान नर्सें रो रही थीं, एक-दूसरे से लिपटकर ढाढ़स बँधा रही थीं और ईश्वर से गुहार लगा रही थीं। बस काफी घुमावदार रास्तों से गुजर रही थी। शायद सड़कें सुरक्षित नहीं थीं।

बस के अगले हिस्से में एक काला झंडा और एक बैनर लगा था, जिस पर अरबी भाषा में कुछ लिखा था, शायद रास्ते में डटे अपने लड़ाके साथियों को आगाह करने के लिए कि वे उन पर गोलियाँ न बरसाएँ। बस के पीछे एक वैन नर्सों का सामान लिये चल रही थी। तीन लड़ाके एक धूल-धूसरित पुरानी कार में सवार थे और चौथा नर्सों के साथ बस में था।

ये सभी 46 नर्सें कुछ ही महीने पहले इराक पहुँची थीं। उन्हें दिल्ली की एक एजेंसी ने नौकरी दिलाने के लिए हर एक से 1.5 लाख रुपए लिये थे और हर महीने 750 डॉलर तनख्वाह दिलाने का वादा किया था। अब कोट्टायम के तलायोलापरांबू के अपने घर में उस दर्दनाक दास्तान को भुलाने की कोशिश में लगी उनमें से एक नर्स 25 वर्षीया नीना जोसेफ बताती हैं, "हमने नौकरी की पेशकश को इसलिए स्वीकार किया था, क्योंकि इराक में हमारी जानकार कई नर्सें पहले से काम कर रही थीं। उन नर्सों ने हमें बताया था कि वहाँ उन्हें कोई दिक्कत नहीं है।"

33 नर्सों का पहला दल पिछले साल 16 अगस्त को इराक पहुँचा था। बाकी 13 नर्सें इस साल फरवरी में वहाँ पहुँची थीं। तिकरित के अस्पताल में पहुँचकर नर्सें अस्पताल की इमारत तक ही सीमित रह गई थीं। नित्यामोल बताती हैं, "हमें बाहर जाने की इजाजत नहीं दी जाती थी। शहर से हमारा ताल्लुक तो दूसरी मंजिल की खिड़की से दिखनेवाले आसमान से ही था, जहाँ सभी नर्सों को एक कमरे में 6 के हिसाब से ठहराया गया था।"

उन्हें इराक की इस नई हकीकत से साबका पहली बार 12 जून, 2014 को पड़ा, जब अस्पताल के आसपास गोलियों की आवाजें सुनाई देने लगीं और जलती हुई इमारत से रात रोशन हो उठी। इसके फौरन बाद इराकी नर्सों ने उनसे फुसफुसाकर कहा कि वे शहर छोड़कर भाग रही हैं। भारतीय नर्सें यह समझ चुकी थीं कि अब वे यहाँ पर फँस चुकी हैं।

हालाँकि, एक सहारा अभी बचा था। उनके सेलफोन अब भी चालू थे और उनके पास भारतीय दूतावास के नंबर थे।

नित्यामोल बताती हैं, "13 जून को हमने बगदाद में भारतीय राजदूत अजय कुमार को फोन किया और उनसे हमें वहाँ से निकाल लेने की गुहार लगाई।" 46 नर्सों में से एक को छोड़कर सभी केरल की हैं। सो, उन्होंने केरल के मुख्यमंत्री ओमान चांडी को फोन लगाया। कोट्टायम में रामपुरम की एक नर्स 25 वर्षीया सांद्रा सेबास्टियन कहती हैं, "उन्होंने हमें ढाढ़स बँधाया और मदद का वादा किया। उन्होंने यह भी कहा कि तिकरित में सड़कें बंद कर दी गई हैं, इसलिए ऐसे हालात में यात्रा करना सुरक्षित नहीं है।"

उन्हें इराक की इस नई हकीकत से साबका पहली बार 12 जून, 2014 को पड़ा, जब अस्पताल के आसपास गोलियों की आवाजें सुनाई देने लगीं और जलती हुई इमारत से रात रोशन हो उठी। इसके फौरन बाद इराकी नर्सों ने उनसे फुसफुसाकर कहा कि वे शहर छोड़कर भाग रही हैं। भारतीय नर्सें यह समझ चुकी थीं कि अब वे यहाँ पर फँस चुकी हैं।

तिकरित के उस विशाल अस्पताल के वार्ड खाली होने लगे थे। नर्सें

टेलीविजन और अपने मोबाइल पर इंटरनेट के जरिए खबरें देखकर अपना वक्त बिताती थीं। हालाँकि कुछ समय बाद टेलीविजन भी बंद हो गए और इंटरनेट ठप्प पड़ गया। अब उन्हें कुछ अंदाजा नहीं था कि उनकी खिड़कियों के बाहर की दुनिया में क्या कुछ चल रहा है।

नित्यामोल बताती हैं, "कुछ समय तक तो हम यही समझते रहे कि तिकरित में दो स्थानीय गुटों के बीच लड़ाई चल रही है; लेकिन जल्दी ही बाहर हो रहे धमाकों से हमारी खिड़कियों के शीशे थर्राने लगे। धमाके भी बार-बार होने लगे।" एक दिन केरल सरकार के आप्रवासी केरलवासी मामलों के विभाग से उन्हें फोन आया और वहाँ से उन्हें निकालने के लिए उनके पासपोर्ट के नंबरों सहित उनसे जुड़ी अन्य जानकारियाँ भी ली गईं।

नित्यामोल बताती हैं, "कुछ समय तक तो हम यही समझते रहे कि तिकरित में दो स्थानीय गुटों के बीच लड़ाई चल रही है; लेकिन जल्दी ही बाहर हो रहे धमाकों से हमारी खिड़कियों के शीशे थर्राने लगे। धमाके भी बार-बार होने लगे।"

अस्पताल में कुछ ही दिनों बाद खाने-पीने का सामान खत्म हो गया। अगर एक रहमदिल इराकी अधिकारी ने साहस नहीं दिखाया होता तो उन नर्सों को भूखा ही रहना पड़ता। उस अधिकारी ने सभी नर्सों के लिए अगले दो हफ्तों के लिए पर्याप्त भोजन का इंतजाम कर दिया था। नित्यामोल बताती हैं, "हम उन्हें बस इराक के स्वास्थ्य विभाग के डॉ. मोहम्मद के नाम से ही जानते थे। वे अस्पताल के नजदीक ही रहते थे और जब भी हम उनके मोबाइल पर मिस्ड कॉल देते थे, वे तुरंत ही हमारी मदद के लिए वहाँ आ जाते थे।"

जून के अंत में डॉ. मोहम्मद ने नर्सों से कहा कि अब वे उनकी मदद के लिए यहाँ मौजूद नहीं रहेंगे। उन्होंने बताया कि लड़ाके आगे बढ़ते आ रहे हैं और कुछ ही समय में वे अस्पताल पर कब्जा जमा लेंगे। उस समय तक अस्पताल की रक्षा में दो इराकी फौजी तैनात थे, जो अब गायब हो चुके थे।

अगले दिन लड़ाके अस्पताल पहुँच गए। नित्यामोल बताती हैं, "वे काले कपड़े पहने हुए थे। उन्होंने काला दुपट्टा और धूप का चश्मा लगाया हुआ था।

हम बुरी तरह डर गई थीं। वे लड़ाके अपने साथ कुछ बुरी तरह घायल साथियों को भी लेकर आए और उन्होंने हमसे उनकी मरहम-पट्टी व इलाज करने को कहा।"

30 जून की सुबह लड़ाकों ने उनसे शाम 6.45 बजे तक अस्पताल खाली कर देने को कहा। नर्सों ने फिर ओमान चांडी और अजय कुमार को फोन किया। नित्यामोल बताती हैं, "दोनों ने हमसे कहा कि लड़ाके जो कह रहे हैं, हम वही करें; क्योंकि उनकी बात न मानना प्राणघातक हो सकता है। लेकिन उस शाम लड़ाके लौटे ही नहीं।"

30 जून की सुबह लड़ाकों ने उनसे शाम 6.45 बजे तक अस्पताल खाली कर देने को कहा। नर्सों ने फिर ओमान चांडी और अजय कुमार को फोन किया। नित्यामोल बताती हैं, "दोनों ने हमसे कहा कि लड़ाके जो कह रहे हैं, हम वही करें; क्योंकि उनकी बात न मानना प्राणघातक हो सकता है। लेकिन उस शाम लड़ाके लौटे ही नहीं।"

एक बम धमाके से 2 जुलाई को अस्पताल थर्रा उठा। इमरजेंसी वार्ड और ब्लड बैंक धराशायी हो गए। चारों तरफ धमाके हो रहे थे। नित्यामोल ने 100 मीटर की दूरी पर एक इमारत को आग की लपटों में घिरा देखा। वे कहती हैं, "सड़कों पर जलती कारें और ट्रक बिखरे पड़े थे। इमरजेंसी वार्ड से मांस के जलने की बदबू आ रही थी।"

उस शाम लड़ाके आए और हमसे पाँच घंटे में अपना सामान बाँधकर अपने साथ चलने को कहा। फिर नर्सों ने भारतीय दूतावास और चांडी को फोन लगाया। नित्यामोल बताती हैं, "दोनों ने हमसे शांत रहने को कहा और बताया कि भारत सरकार हमें बचाने की हरसंभव कोशिश कर रही है।" लेकिन उस दिन भी कोई लड़ाका उन्हें लेने के लिए वापस नहीं लौटा।

लेकिन अगले ही दिन लड़ाके आए। सेबास्टियन बताती हैं, "वे दिन में करीब 11.30 बजे आए और हमें 15 मिनट के अंदर अस्पताल से बाहर आने के लिए कहा। उन्होंने बताया कि वे अस्पताल को बम से उड़ाने जा रहे हैं; लेकिन हमें वे अपने साथ मोसुल ले जाएँगे। हमने फौरन भारतीय दूतावास को फोन

लगाया। दूतावास के अधिकारी ने कहा कि हम लड़ाकों से छोड़ देने की गुहार लगाएँ, लेकिन फिर भी वे नहीं मानते हैं तो हम उनके साथ चली जाएँ।

उन्होंने बताया कि "अगर हालात बिगड़ते हैं तो सरकार हमें बचाने के लिए कमांडो ऑपरेशन चलाने के विकल्प को भी आजमा सकती है।" इसके फौरन बाद रोती-बिलखती नर्सें अस्पताल के बाहर खड़ी बस में सवार होने के लिए जाने लगीं।

लड़ाकों ने नर्सों को दिलासा दी कि उन्हें कोई नुकसान नहीं पहुँचाया जाएगा। उन्होंने यह भी कहा कि उनको मोसुल ले जाया जाएगा, जहाँ से एरबिल हवाई अड्डे पर उन्हें आजाद कर दिया जाएगा। बस जैसे ही चलने लगी, कुछ नर्सों के मोबाइल फोन बजने लगे। नर्सों को पता नहीं था कि उनके फोन पर नई दिल्ली से किसकी कॉल आ रही है; लेकिन फोन करनेवालों ने उनसे कहा कि वे खिड़की से झाँककर यह देखें कि साइनबोर्ड पर कौन-सी जगह का नाम लिखा है और जगह का नाम मैसेज कर दें।

लड़ाकों ने नर्सों को दिलासा दी कि उन्हें कोई नुकसान नहीं पहुँचाया जाएगा। उन्होंने यह भी कहा कि उनको मोसुल ले जाया जाएगा, जहाँ से एरबिल हवाई अड्डे पर उन्हें आजाद कर दिया जाएगा। बस जैसे ही चलने लगी, कुछ नर्सों के मोबाइल फोन बजने लगे।

मोसुल में उनसे दस-दस के समूह में बस से उतरने को कहा गया। नित्यामोल बताती हैं, "हमने सोचा कि वे हमें मारना चाहते हैं और इसीलिए कतार में आने के लिए कह रहे हैं। हम सब बुरी तरह से डर गई थीं। आखिरकार, हमें एक गलियारे से होते हुए एक हॉल में ले जाया गया, जिसमें चार ए.सी. लगे थे, जिनकी पैकिंग से लग रहा था कि वे एकदम नए हैं।

"हमें तब भी डर था कि लड़ाके हमारा इस्तेमाल भारत सरकार से अच्छी-खासी रकम उगाहने के लिए करेंगे। हमारी सुरक्षा में लगे शख्स ने हमसे अपने सिर, हाथ व पैर ढँक लेने के लिए कहा। उन्होंने नर्सों को रोटी, दाल और चीज खाने को दी। उसके बाद वे कुछ चटाइयाँ ले आए और नर्सों से आराम करने को कहा।

इस पूरी यात्रा में भारतीय दूतावास ने मोबाइल पर मैसेज के जरिए नर्सों से संपर्क बनाए रखा था। उनके प्रीपेड मोबाइल को रिचार्ज भी कराया गया था। लेकिन अब वे जिस कमरे में थीं, उसमें बिजली का कोई स्विच नहीं था, इसलिए एक-एक कर उनके फोन की बैट्रियाँ खत्म होने लगीं।

4 जुलाई, 2014 को नर्सों से कहा गया कि वे एयरपोर्ट जाने के लिए तैयार हो जाएँ। इस पर नर्सों ने भारतीय राजदूत अजय कुमार को फोन लगाया। उन्होंने नर्सों से लड़ाकों के साथ जाने को कहा। एयरपोर्ट के रास्ते में तीन बार उनकी बस रोकी गई, जिसे संभवतः दूसरे लड़ाकों ने रोका होगा। नित्यामोल बताती हैं, "हमसे एक जगह पर उतरकर एक इमारत के भीतर जाने को कहा गया।

"शुक्र है कि उस मकान में बिजली का स्विच था, जिससे हमने अपने फोन चार्ज कर लिये। लेकिन वहाँ मोबाइल का सिग्नल नहीं मिल रहा था। हम में से दो नर्सों के पास एक दूसरी कंपनी का सिम था और हमने उनके जरिए राजदूत से बात की। उन्होंने हमसे कहा कि इमारत के बाहर एक गाड़ी खड़ी है और ड्राइवर का नाम अब्दुल शाह है। ड्राइवर से उसका नाम पूछ लेने के बाद हम उसमें बैठ जाएँ। लेकिन बाहर निकलने पर हमें कोई गाड़ी नहीं दिखी, न ही वहाँ कोई ड्राइवर था।"

शुक्र है कि उस मकान में बिजली का स्विच था, जिससे हमने अपने फोन चार्ज कर लिये। लेकिन वहाँ मोबाइल का सिग्नल नहीं मिल रहा था। हम में से दो नर्सों के पास एक दूसरी कंपनी का सिम था और हमने उनके जरिए राजदूत से बात की। उन्होंने हमसे कहा कि इमारत के बाहर एक गाड़ी खड़ी है और ड्राइवर का नाम अब्दुल शाह है।

नित्यामोल बताती हैं, "बाद में कुछ लड़ाके लौट आए और उन्होंने हमसे एक बस में सवार होने के लिए कहा। बस हमें वहाँ ले गई, जहाँ भारतीय दूतावास के कुछ अधिकारी हमारा इंतजार कर रहे थे। रात 8.45 बजे वे अधिकारी हमें एरबिल इंटरनेशनल एयरपोर्ट पर लेकर आ गए।" हालाँकि, इससे पता चलता है कि भारतीय दूतावास कम-से-कम नर्सों की यात्रा के आखिरी दौर में तो लड़ाकों

से संपर्क में था ही। लेकिन भारत सरकार इस पर चुप्पी साधे हुए है। आखिरकार, नर्सें 5 जुलाई की सुबह 4.10 बजे विमान पर सवार हुईं।

अजीत डोभाल ने उन 46 भारतीय नर्सों की रिहाई में महत्त्वपूर्ण भूमिका निभाई, जो इराक में फँसी हुई थीं और जिनके परिवारों ने भी उनसे अपना संपर्क खो दिया था। इसके लिए वे स्वयं इराक गए और गुप्त मिशन पर कार्य किया।

□

म्याँमार में सीमा पार अभियान

दो दशकों में सबसे भीषण हमले में 4 जून को मणिपुर में 6 डोगरा रेजीमेंट के काफिले पर उग्रवादियों द्वारा घात लगाकर किए गए हमले में भारतीय सेना के 18 जवान शहीद हो गए। इसके बाद जो हुआ, वह बहुत असाधारण एक उच्च स्तरीय थ्रिलर की पटकथा हो सकती है।

सेना ने पलटवार करते हुए अपने सैनिकों पर हमले के लिए जिम्मेदार कम-से-कम 15 विद्रोहियों को मार गिराया। सेना के विशेष बलों ने भारतीय क्षेत्र के बाहर म्याँमार के अंदर एक सर्जिकल स्ट्राइक की, जिसमें एन.एस.सी.एन. (के) और के.वाई.के.एल. माने जानेवाले दो आतंकवादी समूहों पर करारा वार किया।

राष्ट्रीय सुरक्षा सलाहकार अजीत डोभाल, इंटेलिजेंस ब्यूरो के पूर्व निदेशक एवं उग्रवाद-विरोधी अभियानों के विशेषज्ञ, प्रधानमंत्री नरेंद्र मोदी के साथ उनकी बँगलादेश यात्रा पर थे। यात्रा के दौरान वे प्रधानमंत्री मोदी के पास कहीं नहीं मिले, क्योंकि वे मणिपुर में थे, जो खुफिया एजेंसियों के समन्वय कार्यों की देख-रेख कर रहे थे।

परिणाम—सेना, वायु सेना और अन्य प्रमुख एजेंसियों ने म्याँमार में सीमा पार आतंकवादियों पर छापा मारने के लिए सबसे दुर्लभ अभियानों में से एक का समन्वय किया।

लेकिन एक संप्रभु राष्ट्र म्याँमार ने भारतीय सुरक्षा बलों को अपने क्षेत्र में अभियान चलाने की अनुमति कैसे दी ?

कुछ दिनों पहले ही तत्कालीन विदेश सचिव एस. जयशंकर ने म्याँमार का एक शांत दौरा किया, जिसका विवरण नहीं दिया गया। उनकी यात्रा शायद दो

देशों के बीच लंबे सैन्य सहयोग के क्रम में थी और मंगलवार के ऑपरेशन पर म्याँमार सरकार की चुप्पी इस बात का सबूत है कि जयशंकर की यात्रा बेहद सफल रही।

दोनों देश लंबे समय से पूर्वोत्तर के उग्रवादियों के खिलाफ मिलकर काम कर रहे हैं। वर्ष 2001 में म्याँमार की सेना ने कथित तौर पर मणिपुर से आतंकवादियों के कुछ ठिकानों का सफाया करने में मदद की। अप्रैल-मई 1995 में भारत-म्याँमार संयुक्त अभियान के रूप में 'ऑपरेशन गोल्डन बर्ड' शुरू किया गया, जिसमें लगभग 40 आतंकवादी मारे गए थे।

दोनों देश लंबे समय से पूर्वोत्तर के उग्रवादियों के खिलाफ मिलकर काम कर रहे हैं। वर्ष 2001 में म्याँमार की सेना ने कथित तौर पर मणिपुर से आतंकवादियों के कुछ ठिकानों का सफाया करने में मदद की। अप्रैल-मई 1995 में भारत-म्याँमार संयुक्त अभियान के रूप में 'ऑपरेशन गोल्डन बर्ड' शुरू किया गया, जिसमें लगभग 40 आतंकवादी मारे गए थे।

रिपोर्टों ने सुझाव दिया कि नई दिल्ली को म्याँमार के पश्चिमी सागिंग डिवीजन के घने जंगलों में सीमा पार 15 से 20 कि.मी. की दूरी पर तीन विद्रोही शिविरों पर हमला करने के लिए विशेष बलों में उड़ान भरने की योजना के लिए सोमवार को म्याँमार सरकार से सहमति मिली। भारतीय दूतावास में डिफेंस अटैची कर्नल गौरव शर्मा ने राजदूत गौतम मुखोपाध्याय को उच्च स्तरीय मंजूरी मिलने के बाद म्याँमार सेना के साथ ऑपरेशन का विवरण साझा किया।

ऑपरेशन विभिन्न एजेंसियों एवं सरकार के मंत्रालयों के बीच सहयोग का प्रमाण था। इस बीच सेना पर हमले ने अब यह सवाल फिर खड़ा कर दिया है कि क्या असम राइफल्स की जगह भारत-म्याँमार सीमा की सुरक्षा की जिम्मेदारी बी.एस.एफ. को दी जानी चाहिए? असम राइफल्स की सीमा की रक्षा करने की क्षमता पर लंबे समय से सवाल उठ रहे हैं, क्योंकि वह सीमा से बहुत दूर स्थित ठिकानों से संचालित होती है।

एन.एस.ए. अजीत डोभाल ने हाल ही में कहा था कि सीमा की सुरक्षा के

लिए बी.एस.एफ. को तैनात करने का निर्णय पिछले साल लिया गया था; लेकिन अब 'पूर्व की ओर देखो' नीति के आलोक में इसकी समीक्षा की जा रही है। गृह मंत्रालय ने वर्ष 2010 में सीमा पर बाड़ बनाने के अलावा बी.एस.एफ. (जो गृह मंत्रालय को रिपोर्ट करता है) को जिम्मेदारी सौंपने के बारे में रक्षा मंत्रालय के साथ चर्चा शुरू की; लेकिन यह अभी तक अमल में नहीं आई।

नवीनतम खुफिया सूचनाओं के आलोक में एन.एस.सी.एन. (के) वस्तुतः सीमा के पास म्याँमार के ठिकानों से बाहर काम कर रहा है और उसे चीन का मौन समर्थन प्राप्त है। इस कदम को अब बहुत अधिक बढ़ावा मिल रहा है। एन.एस. सी.एन. (के) के अधिकांश कैडर म्याँमार से संबंधित नागा हैं। पी.एल.ए. का एक पूर्व सैनिक सीमा के पास हथियारों की फैक्टरी भी चला रहा है, जबकि कुछ चीनी अधिकारियों के खापलांग (जो एन.एस. सी.एन. के प्रमुख हैं) के लगातार संपर्क में होने की खबरें हैं।

नवीनतम खुफिया सूचनाओं के आलोक में एन.एस. सी.एन. (के) वस्तुतः सीमा के पास म्याँमार के ठिकानों से बाहर काम कर रहा है और उसे चीन का मौन समर्थन प्राप्त है। इस कदम को अब बहुत अधिक बढ़ावा मिल रहा है। एन.एस.सी.एन. (के) के अधिकांश कैडर म्याँमार से संबंधित नागा हैं।

केंद्रीय मंत्री राज्यवर्धन सिंह राठौर ने सेना के अभियान की सराहना करते हुए कहा था कि प्रधानमंत्री ने भारतीय सेना को म्याँमार में उग्रवादियों का 'पीछा' करने के लिए आगे बढ़ाया था, जिसमें दो आतंकवादी शिविरों को पूरी तरह से नष्ट कर दिया गया।

इन उग्रवादियों की भारतीय सेना या अर्धसैनिक बलों या देश के नागरिकों पर हमला करने की आदत हो गई है और फिर ये सुरक्षित ठिकानों में भाग जाते हैं। इन्हें इस बात का भरोसा हो गया है कि भारतीय सशस्त्र बल उनका पीछा नहीं करेंगे। यह संदेश अब उन सभी के लिए बहुत स्पष्ट है, जिन्होंने हमारे देश में आतंक के इरादे को पनाह दी थी। हालाँकि, हमारे प्रधानमंत्री ने एक बहुत ही साहसिक कदम उठाया है।

हालाँकि, नाराज मोदी सरकार 4 जून को भारतीय सेना पर हुए कायरतापूर्ण हमले के 24 घंटे के भीतर म्याँमार में सीमा पार एक गुप्त छापेमारी चाहती थी, लेकिन सेना प्रमुख जनरल दलबीर सिंह सुहाग ने कहा कि ऑपरेशनल तैयारियों के लिए समय बहुत कम है और उन्होंने सटीक सलाह दी कि 72 घंटे के भीतर स्ट्राइक हो।

4 जून की शाम को एक बैठक में दो विकल्प थे, जहाँ यह गहन चर्चा हुई—सुखोई और एम.आई.जी.-29 का इस्तेमाल करके शिविरों पर चौतरफा हवाई बमबारी या 21 पैरा कमांडो द्वारा जमीन पर हमला। गृह मंत्री राजनाथ सिंह, राष्ट्रीय सुरक्षा सलाहकार अजीत डोभाल, रक्षा मंत्री मनोहर पर्रिकर, सेना प्रमुख और आई.बी. एवं रॉ प्रमुखों की अध्यक्षता में हुई बैठक ने आखिरकार विशेष बलों द्वारा जमीनी अभियान पर फैसला किया; क्योंकि हवाई हमले से नागरिकों को 'संपार्श्विक क्षति' हो सकती थी। शिविरों में महिलाएँ या बच्चे मौजूद थे। एक शीर्ष सरकारी अधिकारी ने कहा, "किसी भी संपार्श्विक क्षति की अंतरराष्ट्रीय निंदा हो सकती थी।"

4 जून की शाम को एक बैठक में दो विकल्प थे, जहाँ यह गहन चर्चा हुई—सुखोई और एम.आई.जी.-29 का इस्तेमाल करके शिविरों पर चौतरफा हवाई बमबारी या 21 पैरा कमांडो द्वारा जमीन पर हमला।

मणिपुर और नागालैंड से मिली जमीनी रिपोर्ट के आधार पर गृह मंत्रालय के अधिकारी विद्रोहियों के हताहत होने की संख्या 38 बता रहे हैं, जबकि सेना मृतकों की संख्या 20 के आसपास बता रही है। "हमें और अधिक नुकसान की उम्मीद थी; लेकिन ऐसा लगता है कि विद्रोहियों को आसन्न कारवाई की भनक लग गई और वे भाग गए। 9 जून को तड़के सुबह 3 बजे शुरू किए गए ऑपरेशन की दिल्ली से सरकार के शीर्ष अधिकारियों द्वारा लाइव निगरानी की गई थी।"

4 जून की बैठक में राजनाथ सिंह और मनोहर पर्रिकर का विचार था कि 5 जून की सुबह ही एक स्ट्राइक शुरू की जाए, क्योंकि म्याँमार में विद्रोही शिविरों की मौजूदगी की पिन-पॉइंटेड खुफिया जानकारी उपलब्ध थी और शुरुआती

इनपुट्स से पता चलता था कि हमलावर उन शिविरों में वापस चले गए थे। हालाँकि, जनरल सुहाग ने कहा कि सटीक हमले की रूपरेखा तैयार करने के लिए 72 घंटे के समय की जरूरत है। सरकारी सूत्रों ने कहा कि 5 जून को जनरल सुहाग और अजीत डोभाल 'स्ट्राइक क्षमता' का आकलन करने के लिए मणिपुर गए और 8 जून की सुबह में स्ट्राइक शुरू करने की योजना बनाई गई। लेकिन 6-7 जुलाई को प्रधानमंत्री के बँगलादेश जाने के बाद सुरक्षा प्रतिष्ठान ने मोदी की स्वदेश-वापसी की प्रतीक्षा करने का फैसला किया और ऑपरेशन में एक दिन की देरी कर दी, ताकि योजना को विस्तार से और व्यक्तिगत रूप से प्रधानमंत्री को समझाया जा सके। मोदी 7 जून की रात को वापस लौटे और डोभाल एवं जनरल सुहाग ने 8 जून की सुबह उन्हें योजना के बारे में जानकारी दी। प्रधानमंत्री ने तुरंत हरी झंडी दे दी।

8 जून की रात को आर्मी एविएशन विंग ने अपने उन्नत हलके हेलीकॉप्टरों में कमांडो को विद्रोही शिविरों से कुछ दूरी पर उतार दिया, ताकि वे हेलीकॉप्टरों की आवाज से सतर्क न हों। इसके बाद सैनिक अंतिम हमले के लिए पैदल ही अंदर गए। विद्रोहियों को मारने के अलावा छापेमारी दलों द्वारा शिविरों में आतंकी बुनियादी ढाँचे को भी नष्ट कर दिया गया था।

□

‘दोहरा निचोड़’ की रणनीति

पाकिस्तान ने आज कहा कि भारत को क्षेत्रीय आधिपत्य बनाने की राष्ट्रीय सुरक्षा सलाहकार अजीत डोभाल की ‘आक्रामक रक्षा एवं दोहरा दबाव’ की रणनीति कभी सफल नहीं होगी।

संयुक्त राष्ट्र महासभा में जवाब देने के अपने अधिकार का प्रयोग करते हुए पाकिस्तान ने कहा कि “यह दुर्भाग्यपूर्ण है कि भारत ने कश्मीर पर प्रधानमंत्री शाहिद खाकान अब्बासी के बयान की आलोचना करने के लिए चुना है, ‘जो उत्पीड़ित एवं पीड़ित लोगों की भावनाओं व आकांक्षाओं को दरशाता है।’”

संयुक्त राष्ट्र में पाकिस्तान के स्थायी मिशन के काउंसलर टीपू उस्मान ने कहा, “एन.एस.ए. डोभाल द्वारा आक्रामक रक्षा एवं दोहरा निचोड़ की रणनीति, जिसे भारत मानता है कि इसे एक क्षेत्रीय आधिपत्य बना सकता है, कभी सफल नहीं हो सकती।”

पाकिस्तान ने कहा, “कमांडर जाधव जैसे तबाही और आतंकवाद के भारतीय संचालक पाकिस्तान में तोड़-फोड़ करते हुए रँगे हाथों पकड़े गए। आतंकवाद और जासूस कभी भी भारतीय सपनों को पूरा नहीं कर सकते, जो सिर्फ सपने ही रह जाएँगे।”

राजनयिक ने कहा कि भारतीय सुरक्षा बलों के हाथों कश्मीरी लोगों के ‘दर्द’ को अंतरराष्ट्रीय समुदाय और अधिकार संगठनों द्वारा प्रलेखित किया जा रहा है।

उन्होंने कहा कि कश्मीर के लोग संयुक्त राष्ट्र के तत्त्वावधान में एक स्वतंत्र एवं निष्पक्ष जनमत-संग्रह कराने की अपनी प्रतिज्ञा को पूरा करने के लिए

अंतरराष्ट्रीय समुदाय, विशेष रूप से संयुक्त राष्ट्र सुरक्षा परिषद्, के सदस्यों की ओर देखते हैं, ताकि वे अपना भविष्य तय कर सकें।

उन्होंने कहा, "मैं उन सभी गलतफहमियों पर फिर से जोर देना और खारिज करना चाहता हूँ, जिन्हें भारत बनाना चाहता है। भारत क्षेत्रीय शांति एवं स्थिरता को कमजोर करने के लिए जिम्मेदार है।"

पाकिस्तानी राजनयिक ने आरोप लगाया कि जम्मू व कश्मीर में नियंत्रण रेखा पर भारतीय बलों द्वारा अकारण गोलीबारी और मोर्टार दागने के कारण पाकिस्तान की ओर से कई महिलाओं सहित कम-से-कम 10 नागरिकों की जानें चली गई हैं। पाकिस्तानी राजनयिक ने कहा, "गोलाबारी बेरोक-टोक जारी है, जो भारतीय हठ और हठ की एक दुःखद याद दिलाता है। यह भी विफल हो जाएगा।"

> ***पाकिस्तानी राजनयिक ने कहा, "गोलाबारी बेरोक-टोक जारी है, जो भारतीय हठ और हठ की एक दुःखद याद दिलाता है। यह भी विफल हो जाएगा।"***

पाकिस्तान के प्रधानमंत्री शाहिद खाकान अब्बासी द्वारा संयुक्त राष्ट्र महासभा में कश्मीर मुद्दे को उठाए जाने के बाद जवाब देने के अपने अधिकार का प्रयोग करते हुए भारत ने पाकिस्तान को 'आतंकवादी' कहा और कहा कि यह 'आतंक का पर्याय बन गया है'—एक समृद्ध 'उद्योग' उत्पादन और वैश्विक आतंकवाद का निर्यातक।

अब्बासी ने भारत पर अपने देश के खिलाफ आतंकी गतिविधियों में शामिल होने का आरोप लगाया और चेतावनी दी कि यदि वह 'एल.ओ.सी. के पार गतिविधि करता है' या 'पाकिस्तान के खिलाफ सीमित युद्ध के सिद्धांत' पर काम करता है तो 'मिलान प्रतिक्रिया' की चेतावनी दी। उन्होंने संयुक्त राष्ट्र से कश्मीर में एक विशेष दूत नियुक्त करने का आग्रह किया; क्योंकि उन्होंने दावा किया कि इस क्षेत्र के लोगों के संघर्ष को भारत द्वारा 'क्रूरता से दबाया जा रहा है'।

□

'डोभाल सिद्धांत' और बीजिंग पर भारत के रुख को मोड़ना

डोभाल की टिप्पणी उन खबरों के बीच विशेष रूप से महत्त्वपूर्ण है कि चीन धीरे-धीरे हिंद महासागर क्षेत्र में अपनी नौसैनिक उपस्थिति बढ़ा रहा है।

डोभाल, जिन्हें रॉ (RAW) के पूर्व प्रमुख ए.एस. दुलत द्वारा 'द हॉकिश डोभाल' के रूप में जाना जाता था, चीन के साथ सीमा विवादों पर बातचीत में अपने कट्टर रुख के लिए जाने जाते हैं।

एन.एस.ए. का पद सँभालने के बाद से उनकी दुर्लभ सार्वजनिक बातचीत से पता चला है कि डोभाल समझौता करने के बजाय सैन्य समाधान पर निर्भर रहना पसंद करते हैं। जब अपने पड़ोसियों के साथ सीमा विवादों से निपटने में भारत की पारंपरिक नीति ने रक्षात्मक दृष्टिकोण का प्रचार किया है तो वह डोभाल ही थे, जिन्होंने रक्षात्मक-आक्रामक और आक्रामक विदेश नीति की अवधारणा को आगे बढ़ाया।

वह वर्तमान एन.एस.ए. ही थे, जिन्होंने टिप्पणी की कि 'भारत अपने क्षेत्रीय हितों और संप्रभुता से समझौता नहीं करेगा।' जब चीन के साथ बातचीत पर उनके विचारों के बारे में पूछा गया।

वर्ष 2016 में 'एशिया टाइम्स' में एक लेख ने डोभाल के उक्त बयान पर टिप्पणी की—"उन्होंने (डोभाल ने) अक्तूबर 2014 में नई दिल्ली में म्यूनिख सुरक्षा सम्मेलन में कहा था कि 'भारत अपने क्षेत्रीय हितों से समझौता नहीं करेगा'; जबकि इसका मूल उद्देश्य था—दोनों देशों के विशेष प्रतिनिधियों की बैठक में विवाद पर समझौता।"

डोभाल के नीतिगत विचारों का प्रभाव, जो स्पष्ट रूप से मोदी सरकार की विदेश नीति में व्याप्त है, उनके पूर्ववर्तियों से इतना अलग है कि चीन, पाकिस्तान और भारत के क्षेत्रीय विवादों पर उनके विचारों को अब आमतौर पर ‘डोभाल सिद्धांत’ के रूप में जाना जाता है।

चीन की बढ़ती ताकत से निपटने के बारे में एक सवाल का जवाब देते हुए डोभाल ने माना कि चीन की सेना भारत से कहीं ज्यादा मजबूत है, यहाँ तक कि पूर्व इंटेलिजेंस ब्यूरो निदेशक ने भारत की मिसाइल तकनीक की सराहना की। उन्होंने कहा कि भारत के लिए अगले 50 वर्षों में चीन की ताकत का मुकाबला करना कठिन था; लेकिन उन्होंने चीन के आर्थिक प्रतिष्ठानों को लक्षित करने के लिए मिसाइल प्रौद्योगिकी को बढ़ाने की वकालत की, जो उन्होंने कहा कि यह ड्रैगन का एकमात्र कमजोर स्थान था।

चीन की ‘अथाह क्षेत्रीय भूख’ पर डोभाल की पिछली टिप्पणियाँ महत्त्वपूर्ण हैं। एन.एस.ए. की पिछली टिप्पणियाँ इसलिए भी महत्त्वपूर्ण हो जाती हैं, क्योंकि चीन धीरे-धीरे हिंद महासागर क्षेत्र में अपनी नौसैनिक उपस्थिति बढ़ा रहा है और उसने तिब्बत में सैन्य अभ्यास किया है, यहाँ तक कि सिक्किम में सीमा गतिरोध भी चल रहा है।

चीन की ‘अथाह क्षेत्रीय भूख’ पर डोभाल की पिछली टिप्पणियाँ महत्त्वपूर्ण हैं। एन.एस.ए. की पिछली टिप्पणियाँ इसलिए भी महत्त्वपूर्ण हो जाती हैं, क्योंकि चीन धीरे-धीरे हिंद महासागर क्षेत्र में अपनी नौसैनिक उपस्थिति बढ़ा रहा है और उसने तिब्बत में सैन्य अभ्यास किया है, यहाँ तक कि सिक्किम में सीमा गतिरोध भी चल रहा है।

एक रिपोर्ट में वर्ष 2014 में म्यूनिख सुरक्षा सम्मेलन में डोभाल की टिप्पणी का हवाला दिया गया। डोभाल ने कहा था कि भले ही चीन के साथ संबंध ‘बहुत महत्त्वपूर्ण’ हैं, भारत को संप्रभुता के मुद्दों पर समझौता नहीं करना चाहिए। डोभाल ने कहा, “मैं अपने संबंधों को इस हद तक विकसित करना चाहता हूँ, जब तक हमारी क्षेत्रीय और अभिन्न संप्रभुता...हम इससे समझौता नहीं कर पाएँगे।”

डोभाल की टिप्पणी उस समय महत्त्वपूर्ण हो जाती है, जब चीन भारत-विरोधी बयानबाजी तेज कर रहा है, जिसे वह नई दिल्ली के साथ एक अभूतपूर्व विवाद के रूप में देखता है। भूटान ट्राइ-जंक्शन के पास सिक्किम सेक्टर में डोकलाम क्षेत्र में चीन की सेना द्वारा विवादित संकीर्ण भूमि पर सड़क बनाने का प्रयास करने के बाद भारत और चीन तीन सप्ताह से अधिक समय से गतिरोध में बंद रहे। चीन ने स्पष्ट कर दिया कि भारत द्वारा अपनी सेना वापस लेने के बाद ही बैक चैनल वार्त्ता का परिणाम मिलेगा।

जहाँ नरेंद्र मोदी डोभाल के प्रभाव में चीन से भारत के साथ मौजूदा विवादों पर अपने प्राप्त पदों पर 'पुनर्विचार' करने का अनुरोध करने के लिए अड़े हुए हैं, वहीं डोभाल के पूर्ववर्ती ब्रजेश मिश्र ने चीन-भारत संबंधों में काफी प्रगति देखी थी और सकारात्मक परिणामों तक पहुँचने की उम्मीद कर रहे थे।

□

सीमा पर भारत का आक्रामक रुख

'सर्जिकल स्ट्राइक' के माध्यम से भारतीय सेना का पाकिस्तान को संदेश स्पष्ट और सरल था कि यदि आप हमारे साथ खिलवाड़ करते हैं तो हम आपको वापस मारेंगे। इस हमले को पाकिस्तान के साथ भारत की संयम की नीति में एक बड़े बदलाव के रूप में देखा जा रहा है। इसका अनिवार्य रूप से मतलब है कि देश सीमा पार से होनेवाले आतंक का मुकाबला करने के लिए, पूर्व व्यापी सहित, अपनी इच्छा से वापस हमला कर सकता है।

यह आक्रामक रुख किसी और के नहीं, बल्कि राष्ट्रीय सुरक्षा सलाहकार अजीत डोभाल के दिमाग की उपज है। 7 अक्तूबर, 2014 को डोभाल ने बी.एस. एफ. के महानिदेशक एवं जनरल को तलब किया और पाकिस्तान की सीमा पार से फायरिंग से थोड़ी सी भी उत्तेजना पर 'पूरी ताकत' के साथ 'इच्छानुसार गोलियाँ चलाने' के लिए कहा।

डोभाल ने कहा, "उनके द्वारा चलाई गई एक गोली के लिए आप दो के साथ जवाब दें।" जब तक दूसरी तरफ से संघर्ष विराम उल्लंघन बंद नहीं हो जाता, तब तक उनके बुनियादी ढाँचे को व्यवस्थित रूप से नष्ट करने का विचार प्रकट किया गया।

जब से डोभाल ने पद सँभाला है, उन्होंने शत्रुतापूर्ण पड़ोसियों के खिलाफ सख्त रुख अपनाते हुए राष्ट्रवादी एजेंडे का समर्थन किया है। पिछले दो वर्षों में भारत के नीतिगत बदलाव ने सुरक्षा बलों के मनोबल को बढ़ाया है; जबकि इस्लामाबाद को एक स्पष्ट संदेश मिला है कि अगर भारत के खिलाफ छद्म युद्ध जारी रहता है तो 'यह और अधिक खून बहाएगा'।

पिछली कांग्रेस सरकार के तहत प्रधानमंत्री के राष्ट्रीय सुरक्षा परिषद् सचिवालय में सेवा करनेवाले समीर पाटिल ने कहा, "खुफिया एवं सुरक्षा मामलों में उनकी विश्वसनीयता और अनुभव के कारण डोभाल पिछले राष्ट्रीय सुरक्षा सलाहकारों की तुलना में अधिक प्रभाव रखते हैं।" पाटिल ने कहा कि यह लंबे समय से अफवाह थी कि डोभाल ने मोदी को वर्ष 2014 में प्रधानमंत्री चुने जाने से पहले ही सलाह दी थी।

डोभाल ने अगस्त 2015 के एक वक्तव्य में कहा, "भारत की मानसिकता है कि वह जहाँ भी हिट करता है, अपने वजन से नीचे मुक्का मारता है। हमें अपना वजन बढ़ाना होगा और उसी अनुपात में मुक्का मारना होगा।"

□

अजीत डोभाल का शक्ति सिद्धांत

हमने सरकारों के आने और जाने के बावजूद भारतीय रणनीतिक सोच में ज्यादा स्पष्टता नहीं देखी है। किंतु शायद अब यह बदल रहा है। राष्ट्रीय सुरक्षा सलाहकार अजीत डोभाल ने पिछले दिनों मुंबई में 'राज्य सुरक्षा, शासन कला और मूल्यों के संघर्ष' पर बात की थी और उनका कहना था, "भारत में अपने वजन से नीचे मुक्का मारने की मानसिकता है। हमें हमारे वजन से नीचे या हमारे वजन से ऊपर पंच नहीं करना चाहिए; लेकिन हमें अपने वजन में सुधार करना चाहिए और आनुपातिक रूप से पंच करना चाहिए।"

सत्ता के वास्तविक स्वरूप के बारे में समय-समय पर अटकलों में लिप्त होने के बावजूद यह एक सरल, यदि मूल नहीं है तो प्रभावी ढंग से सत्ता चलाने के महत्त्व पर बयान है। कुछ भारतीयों ने सभ्यता के इतिहास के 5,000 से अधिक वर्षों में शायद ही कभी सोचा हो, अगर डोभाल और उनके बॉस नरेंद्र मोदी इस सिद्धांत को जमीनी स्तर पर रणनीतिक सोच एवं उद्देश्यपूर्ण काररवाई में बदल देते हैं तो भारत लंबे समय में एक सुरक्षित स्थान बन जाएगा।

अन्य बातों के अलावा, डोभाल ने स्पष्ट रूप से बताया कि कमजोर राज्य इसे कम करने या मुकाबला करने के बजाय परेशानी को आमंत्रित करते हैं। "यदि आप उकसाने वाले हैं तो आप आंशिक रूप से जिम्मेदार हैं; लेकिन यदि आप शक्ति का प्रयोग करने में सक्षम नहीं हैं तो यह आपके पास नहीं है।" यह फिर से उन सभी के लिए स्पष्ट है, जो स्पष्ट सोच के लिए भावनाओं को प्रतिस्थापित करते हैं और विशेष रूप से वे शांतिवादी, जो वाघा में मोमबत्तियाँ जलाने या एकतरफा रियायतें देने में विश्वास करते हैं कि पाकिस्तान के साथ

शांति लाएँगे। यह पाकिस्तान के दृष्टिकोण से मूर्खता है, लेकिन भारतीयों की सुरक्षा के लिए बहुत कुछ नहीं करेगा।

डोभाल ने व्यक्तिगत नैतिकता और राज्य के कार्यों के बीच एक महत्त्वपूर्ण अंतर भी किया। एक व्यक्ति अहिंसा को अपना सकता है और एक व्यक्तिगत सिद्धांत के रूप में अहिंसा को स्वीकार कर सकता है; लेकिन एक राष्ट्र नहीं कर सकता। राष्ट्रों को व्यापक भलाई के लिए कार्य करना होगा और एक 'राष्ट्र को अपनी रक्षा के लिए सभी साधनों का सहारा लेना होगा।'

डोभाल ने कहा, "भारत सरकार का पहला कर्तव्य अपने देश की रक्षा करना है। इस संरक्षण में हितों का टकराव स्वचालित है''। जब कोई राष्ट्र न्यायिक तरीके से कानून की उचित प्रक्रिया में कार्य करता है तो उसके कार्य सही होते हैं और यह तुम्हें हत्यारों में परिवर्तित नहीं करता।"

डोभाल ने कहा, "भारत सरकार का पहला कर्तव्य अपने देश की रक्षा करना है। इस संरक्षण में हितों का टकराव स्वचालित है''। जब कोई राष्ट्र न्यायिक तरीके से कानून की उचित प्रक्रिया में कार्य करता है तो उसके कार्य सही होते हैं और यह तुम्हें हत्यारों में परिवर्तित नहीं करता।"

हमने सत्ता से संबंधित सभी मुद्दों को व्यक्तिगत नैतिकता के मुद्दों में पतित होने दिया है और इस प्रक्रिया में खुद को अप्रभावी एवं कमजोर राष्ट्र के रूप में कम कर दिया है। हम इसकी कीमत नियमित रूप से चुका रहे हैं।

इब्राहीम धर्मों और हिंदू धर्म, बौद्ध धर्म एवं जैन धर्म जैसे भारतीय धर्मों ने खुद से शक्ति और इसके स्थायित्व के बारे में एक महत्त्वपूर्ण प्रश्न पूछा। वे विपरीत निष्कर्ष पर पहुँचे। दोनों ने व्यक्तिगत शक्ति की क्षणिक प्रकृति को पहचाना। अंततः हम सभी मर जाते हैं, अपने भाग्य को बदलने के लिए शक्तिहीन होते हैं; लेकिन इस अहसास से हमने जो निष्कर्ष निकाले हैं, उससे हमारे दृष्टिकोण पर बहुत बड़ा फर्क पड़ा है।

भारतीय दार्शनिकों ने शक्ति को क्षणिक के रूप में देखा और निर्णय लिया कि एकमात्र शक्ति, जो स्वयं पर शक्ति है, क्योंकि वह सीधे हमारे आंतरिक व

बाहरी जीवन की गुणवत्ता को प्रभावित करती है। इस प्रकार, हम पूर्ण सत्य में 'आस्तिक' के बजाय सत्य के 'साधक' बन गए। हमने सत्ता के प्रति दोतरफा रवैया विकसित किया है और हम अभी भी इसके अधिग्रहण एवं अस्थायी उद्‍देश्यों के लिए उपयोग के प्रति असहज हैं। इसलिए ध्यान पर हमारा जोर, अहंकार पर विजय, व्यक्तिगत धर्म—ये सभी हमें आध्यात्मिक रूप से सशक्त बनाते हैं; लेकिन हमारे दुश्मनों की बाहरी, शारीरिक शक्ति से सामना होने पर हम इसे नग्न छोड़ देते हैं।

पश्चिम ने सत्ता और उसकी क्षणिक प्रकृति को देखा और उसे अंतिम बनाने की आवश्यकता को देखा। उन्होंने एक जीवनकाल से परे सत्ता को कायम रखने के लिए कानून और संस्थान विकसित किए।

सच्चाई यह नहीं है कि पश्चिम सही था और हम गलत थे, लेकिन यह कि दोनों तरीकों की जरूरत है। आज यदि पश्चिम योग और ध्यान को जीवन-शैली के विकल्प के रूप में अपना रहा है तो इसका कारण यह है कि वे धन व शक्ति और एक खाली एवं अर्थहीन जीवन की व्यर्थता को देखते हैं।

सच्चाई यह नहीं है कि पश्चिम सही था और हम गलत थे, लेकिन यह कि दोनों तरीकों की जरूरत है। आज यदि पश्चिम योग और ध्यान को जीवन-शैली के विकल्प के रूप में अपना रहा है तो इसका कारण यह है कि वे धन व शक्ति और एक खाली एवं अर्थहीन जीवन की व्यर्थता को देखते हैं। हमें इसके विपरीत, सबक सीखना होगा कि आंतरिक आध्यात्मिक विकास में अपना विश्वास खोए बिना समाज के दीर्घकालिक लाभ के लिए वास्तविक शक्ति का उपयोग कैसे करें।

स्वयं पर शक्ति और दीर्घकालिक राज्य शक्ति के बीच संतुलन की तलाश करने में हमारी विफलता के परिणामस्वरूप रणनीति और दीर्घकालिक सोच के विकल्प के रूप में हमारे नरम विकल्पों एवं अस्थायी गैर-समाधानों को अपनाया गया है। मैं निश्चित रूप से अधिक सरलीकरण कर रहा हूँ, क्योंकि यह सच नहीं है कि भारतीय दार्शनिकों और साम्राज्य-निर्माताओं ने इस संतुलन की तलाश

नहीं की थी (चाणक्य नीति उस तरह के विचार का एक उदाहरण है, जो शक्ति के विभिन्न तत्त्वों का उपयोग करके आदर्श राज्य बनाने में चला गया), लेकिन शक्ति का उपयोग करने और इसे अच्छे उपयोग में लाने में समग्र विफलता भारतीय इतिहास में बहुत दिखाई दे रही है और आज भी कायम है।

यह आज भी आर्थिक एवं सैन्य शक्ति के अधिग्रहण के बारे में हमारी सतर्कता में स्पष्ट है और व्यक्तिगत नैतिकता के तर्कों के साथ सत्ता के बारे में तर्कों को भ्रमित करने की हमारी प्रवृत्ति में स्पष्ट है।

गांधी ने इस रवैए को सबसे अच्छा बताया। उन्होंने पर्वत पर यीशु के उपदेश पर विचार किया—हारे हुए लोगों के लिए एक उपदेश, जिसने नम्रता के गुणों की उनके मार्गदर्शक सिद्धांत के रूप में प्रशंसा की। नेहरूवादी नीतियाँ, उच्च नैतिक सिद्धांतों की और उन्हें जीने की कम क्षमता गांधी की प्रवृत्ति का प्रत्यक्ष परिणाम हैं।

गांधी ने इस रवैए को सबसे अच्छा बताया। उन्होंने पर्वत पर यीशु के उपदेश पर विचार किया—हारे हुए लोगों के लिए एक उपदेश, जिसने नम्रता के गुणों की उनके मार्गदर्शक सिद्धांत के रूप में प्रशंसा की। नेहरूवादी नीतियाँ, उच्च नैतिक सिद्धांतों की और उन्हें जीने की कम क्षमता गांधी की प्रवृत्ति का प्रत्यक्ष परिणाम हैं।

हिटलर की आक्रामकता के शिकार लोगों को गांधी की सलाह कुछ इस प्रकार थी—'अपने आप को उनकी दया पर छोड़ दो, लड़ो मत और फासीवादी तानाशाह को प्रेम एवं शांतिप्रिय गतिविधियों के माध्यम से जीत लो।' जब हिटलर से निपटने की बात आई तो नस्लवादी विंस्टन चर्चिल के पास अति-नैतिक गांधी की तुलना में बेहतर विचार थे। यह कहना उचित नहीं है कि गांधी गलत थे, लेकिन सलाह, जो किसी व्यक्ति के लिए खुद पर लागू करने के लिए बिल्कुल सही हो सकती है, वह सही नहीं हो सकती है, जब दूसरों पर या पूरे समाज पर विचारहीन रूप से लागू हो। व्यक्तिगत नैतिकता, जिसके परिणामस्वरूप विफलता (या सफलता) केवल एक व्यक्ति को प्रभावित करती है; जब यह समाज या राज्य पर लागू

होता है तो यह आपदा का कारण बन सकता है।

अरुण शौरी की पुस्तक में डॉ. बी.आर. आंबेडकर को यह दिखाने के लिए उद्धृत किया गया है कि कैसे आंतरिक रूप से केंद्रित बौद्ध धर्म मुसलिम आक्रमणकारियों और उनके प्रतीकात्मक उत्साह के खतरे को नोट करने में विफल रहा। एक झटके में आक्रमणकारियों ने सभी बौद्ध मठों और बुद्ध की मूर्तियों को नष्ट कर दिया, जिससे धर्म का अंत हो गया। निष्क्रियता और वास्तविक शक्ति की कमी ने बौद्ध धर्म को उसकी जन्मभूमि से समाप्त करने में महत्त्वपूर्ण भूमिका निभाई।

मृत्युदंड पर हमने जो तर्क सुने हैं, उससे बेहतर सत्ता और नैतिकता के प्रति हमारे अपने वर्तमान आत्म-पराजय दृष्टिकोण को कुछ भी नहीं दिखाते हैं। जो लोग मृत्युदंड को समाप्त करना चाहते हैं, वे गांधी के इस कथन को उद्धृत करना पसंद करते हैं कि आँख के बदले आँख और दाँत के बदले दाँत पूरी दुनिया को अंधा एवं दंतहीन बना देगा।

मृत्युदंड पर हमने जो तर्क सुने हैं, उससे बेहतर सत्ता और नैतिकता के प्रति हमारे अपने वर्तमान आत्म-पराजय दृष्टिकोण को कुछ भी नहीं दिखाते हैं। जो लोग मृत्युदंड को समाप्त करना चाहते हैं, वे गांधी के इस कथन को उद्धृत करना पसंद करते हैं कि आँख के बदले आँख और दाँत के बदले दाँत पूरी दुनिया को अंधा एवं दंतहीन बना देगा।

गांधी स्पष्ट रूप से गेम थ्योरी और अपनी व्यक्तिगत नैतिकता के व्यावहारिक परिणामों को नहीं समझते थे। व्यक्तिगत हिंसा के लिए जो सच हो सकता है, वह समाज और राज्य के लिए सही नहीं हो सकता। अगर मैं तुम्हारी आँख में मारूँ और तुम मुझे वापस मारो और मैं तुम्हारे दाँत तोड़ दूँ और तुम तारीफ वापस कर दो, तो हम दोनों अंधे और दंतहीन हो सकते हैं; लेकिन जब जैसे-तैसे की नीति का पालन किया जाता है तो बड़े समाज के साथ ऐसा नहीं होता है। जब आँख के बदले आँख और दाँत के बदले दाँत—दोनों क्रिया एवं प्रतिक्रिया कुछ समय के लिए दो विरोधी समाजों या उनके संबंधित राज्यों के बीच जारी रहती हैं तो दोनों अधिक सावधानी से कार्य करना शुरू कर देते हैं। दोनों राज्य खुद को अंधे

या बिना दाँत के होने से बचाने के लिए आगे बढ़ते हैं। इस प्रकार, आँखों व दाँतों को बेहतर सुरक्षा मिलती है और समय के साथ दोनों को पता चलता है कि दूसरे की आँख लेने या उसके दाँत फोड़ने से कोई लाभ नहीं है। संक्षेप में, पारस्परिक शक्ति समय के साथ पारस्परिक प्रतिरोध पैदा करती है और एक स्थायी शांति की ओर ले जाती है।

यह सन् 1980 में मिशिगन विश्वविद्यालय में रॉबर्ट एक्सेलरोड द्वारा किए गए गेम थ्योरी प्रयोगों में स्पष्ट रूप से स्थापित किया गया था। एक्सेलरोड ने गेम थ्योरिस्ट्स को कंप्यूटर-सिम्युलेटेड गेम में परीक्षण के लिए रणनीति प्रस्तुत करने के लिए आमंत्रित किया, ताकि यह जाँचा जा सके कि संत होना समझदार होने का विकल्प है या नहीं। उनके प्रयोगों ने यह स्थापित करने की कोशिश की कि क्या विरोधियों ने सहयोग करने या धोखा देने की कोशिश की, जब वे दूसरे व्यक्ति के वास्तविक इरादे के बारे में स्पष्ट नहीं थे? एक लंबी कहानी को छोटा करने के लिए (आप यहाँ उनके प्रयोगों का सारांश पढ़ सकते हैं) जो रणनीति अधिक बार जीती, वह थी—'जैसे को तैसा', यानी सभी खिलाड़ियों को पहली बार में अच्छे विश्वास की कोशिश करनी चाहिए। लेकिन यदि प्रतिद्वंद्वी गंदा खेलता है तो आप उसे उसी सिक्के में वापस भुगतान करते हैं। समय के साथ खिलाड़ी सहयोग करना सीख सकते हैं।

यह सन् 1980 में मिशिगन विश्वविद्यालय में रॉबर्ट एक्सेलरोड द्वारा किए गए गेम थ्योरी प्रयोगों में स्पष्ट रूप से स्थापित किया गया था। एक्सेलरोड ने गेम थ्योरिस्ट्स को कंप्यूटर-सिम्युलेटेड गेम में परीक्षण के लिए रणनीति प्रस्तुत करने के लिए आमंत्रित किया, ताकि यह जाँचा जा सके कि संत होना समझदार होने का विकल्प है या नहीं।

अंधापन और दंतहीनों का गांधीवादी तर्क केवल व्यक्तिगत संदर्भ में ही मान्य है, जहाँ जीत और हार को प्रत्येक व्यक्ति द्वारा परिभाषित किया जा सकता है। दूसरी ओर, सामाजिक या राष्ट्रीय संदर्भ में पलटवार करने में असमर्थता वास्तव में हमलों को आमंत्रित करेगी, जैसा कि नेहरू को सन् 1962 में चीनियों

के साथ पता चला था और जैसा कि हमने पाकिस्तान के साथ बच्चों जैसा व्यवहार करके बार-बार पाया है। जितना अच्छा मिलता है, उतना देने की क्षमतावाला एक मजबूत राज्य शांति के लिए एक पूर्व आवश्यकता है।

अब विचार करें कि सच्चे उत्तराधिकारी यीशु के पहाड़ी उपदेश के बारे में क्या सोचते हैं? वास्तव में वे जो कहते हैं, उसके विपरीत क्या करते हैं? कोई भी ईसाई बहुसंख्यक देश—अमेरिका से लेकर ब्रिटेन तक—यूरोपीय संघ के किसी भी सदस्य तक हिट होने पर कभी दूसरा गाल आगे नहीं करेगा। क्या जॉर्ज बुश ने 9/11 के बाद दूसरा गाल घुमाया? उसने दो बार जोर से वार किया। क्या इजराइल घूँसे से लुढ़कने में विश्वास करता है या इसे दोहरे माप में वापस देता है? वे जवाबी काररवाई करते हैं। वे लड़ते हैं। वे जीतने की कोशिश करते हैं। कोई भी मुसलिम राज्य कभी भी शांति की बात नहीं करेगा, यदि वह गलत महसूस करता है, चाहे गलत वास्तविक हो या कल्पना।

अब विचार करें कि सच्चे उत्तराधिकारी यीशु के पहाड़ी उपदेश के बारे में क्या सोचते हैं? वास्तव में वे जो कहते हैं, उसके विपरीत क्या करते हैं? कोई भी ईसाई बहुसंख्यक देश—अमेरिका से लेकर ब्रिटेन तक—यूरोपीय संघ के किसी भी सदस्य तक हिट होने पर कभी दूसरा गाल आगे नहीं करेगा। क्या जॉर्ज बुश ने 9/11 के बाद दूसरा गाल घुमाया?

कारण सरल है : पश्चिम ने व्यक्तिगत नैतिकता को राज्य की नैतिकता से अलग करना सीख लिया है। व्यक्तिगत ईसाई अपने नैतिक आदर्शों की खोज में शेरों को खिलाने के लिए तैयार हो सकते हैं; लेकिन राज्य शांति के लिए अपने नागरिकों को बाहरी शेरों के पास कभी नहीं फेंकेगा।

सत्ता की क्षणिक प्रकृति के लिए पश्चिम का उत्तर इसे व्यक्तियों के माध्यम से नहीं, बल्कि कानून और संस्थानों के माध्यम से एक मजबूत राज्य का निर्माण करना था। यह हमारे लिए सीखने के लिए एक महत्त्वपूर्ण सबक है। एक मजबूत राज्य कानून और संस्थाओं को व्यक्ति से ऊपर रखता है और इस प्रकार, व्यवहार में परोपकारी रूप से कार्य कर सकता है। एक कमजोर राज्य

वास्तव में अत्याचारी होगा, क्योंकि उसे अपना काम करने में विफल रहने के लिए जिम्मेदार नहीं ठहराया जा सकता है। आखिरकार, वह परिभाषा से कमजोर रहता है।

केवल एक मजबूत राज्य ही समझदारी से सत्ता का इस्तेमाल कर सकता है और अपने असली वजन पर मुक्का मार सकता है। जब राज्य की बात आती है तो कमजोरी अनैतिकता के बराबर होती है।

□

डोकलाम में सफलता की अंदरूनी कहानी

भारत व चीन के राष्ट्रीय सुरक्षा सलाहकारों के बीच गहन बातचीत जारी रही—संकट को हल करने के लिए राजनयिक प्रयासों के साथ-साथ टेलीफोन लाइनों पर जनता की चकाचौंध से चुपचाप दूर।

27-28 जुलाई, 2017 को ब्रिक्स (BRICS) बैठक के दौरान बीजिंग में राष्ट्रीय सुरक्षा सलाहकार अजीत डोभाल ने अपने चीनी समकक्ष स्टेट काउंसलर यांग जिची से मुलाकात के दौरान संकट पर चर्चा शुरू की। संकट को हल करने के लिए राजनयिक प्रयासों के साथ-साथ टेलीफोन लाइनों पर जनता की चकाचौंध से दूर दो राष्ट्रीय सुरक्षा सलाहकारों के बीच बातचीत जारी रही।

चीनी राष्ट्रपति शी जिनपिंग और प्रधानमंत्री मोदी ने फैसला किया था कि एन.एस.ए. डोभाल और उनके चीनी समकक्ष यांग जिची तनाव को कम करने के लिए बात करेंगे। एन.एस.ए. डोभाल और उनके समकक्ष ने हैम्बर्ग में मुलाकात की और लंबी बैठक की। आगे की हलचल बीजिंग बैठक के दौरान हुई। विदेश सचिव एस. जयशंकर और बीजिंग में भारतीय राजदूत विजय गोखले ने इस मुद्दे को आगे बढ़ाया।

बाद में, चीन डोकलाम इलाके में आगे सड़क नहीं बनाने और वहाँ से अपने सैनिकों को वापस बुलाने पर राजी हो गया।

भारतीय सैनिकों द्वारा चीनी सेना को विवादित क्षेत्र में सड़क बनाने से रोकने के बाद 16 जून से डोकलाम में भारत और चीन के सैनिकों में तीखा गतिरोध था। गतिरोध में भारतीय सेना के कड़े रुख ने चीन पर दबाव बनाने में भी मदद की, जिससे यह समझा गया कि भारत उसकी माँगों को स्वीकार किए

बिना इतनी आसानी से पीछे नहीं हटेगा।

चीन अब इस क्षेत्र से अपने सैनिकों को पूरी तरह से हटाने पर सहमत हो गया। इसे असैन्य और सैन्य कूटनीति—दोनों समेत मोदी की राष्ट्रीय सुरक्षा टीम की बड़ी जीत बताया गया। विदेश मंत्री सुषमा स्वराज ने कहा था कि दोनों पक्षों को किसी भी बातचीत के लिए पहले अपने सैनिकों को वापस बुलाना चाहिए और सीमा गतिरोध के शांतिपूर्ण समाधान का समर्थन करना चाहिए।

डोकलाम में गतिरोध के कारण दोनों देशों के बीच संबंध निचले स्तर पर आ गए थे। चीनी पक्ष ने पीछे हटने से इनकार कर दिया था। बीजिंग ने भारत पर अपने क्षेत्र में घुसपैठ करने का आरोप लगाया था और भारतीय सैनिकों की तत्काल वापसी की माँग की थी। चीनी पक्ष, विशेष रूप से वहाँ का सरकारी मीडिया, तब से आक्रामक रहा है और कई अवसरों पर युद्ध की परोक्ष धमकी जारी करता है।

डोकलाम में गतिरोध के कारण दोनों देशों के बीच संबंध निचले स्तर पर आ गए थे। चीनी पक्ष ने पीछे हटने से इनकार कर दिया था। बीजिंग ने भारत पर अपने क्षेत्र में घुसपैठ करने का आरोप लगाया था और भारतीय सैनिकों की तत्काल वापसी की माँग की थी। चीनी पक्ष, विशेष रूप से वहाँ का सरकारी मीडिया, तब से आक्रामक रहा है और कई अवसरों पर युद्ध की परोक्ष धमकी जारी करता है।

भारत ने यह सुनिश्चित किया है कि दोनों पक्षों को इस मुद्दे पर किसी भी बातचीत के लिए एक साथ पीछे हटना चाहिए और कहा कि युद्ध कोई समाधान नहीं था। डोकलाम गतिरोध में अजीत डोभाल ने साबित किया कि अंतरराष्ट्रीय संकट को सुलझाने के लिए किसी राजनयिक की जरूरत नहीं है। डोकलाम मुद्दे पर तनाव कम करने के मामले में यह साबित हो गया कि कूटनीति किसी भी परिमाण के संकटों को हल करने का विकल्प है।

चीन द्वारा छेड़े गए आक्रामक और पूर्ण मनोवैज्ञानिक युद्ध की लंबी दौड़ का अंत होता नहीं दिख रहा था, क्योंकि उसकी प्रचार मशीनरी ने भारत को

गंभीर परिणाम भुगतने की धमकी देते हुए अपना प्रचार जारी रखा। नई दिल्ली को सन् 1962 की पराजय की याद दिला दी। वहाँ का सरकारी मीडिया उन्मादी था और उसके बयानों में जुझारू स्वर था। उसके स्वर से ऐसा प्रतीत होता था कि यदि भारतीय डोकलाम से नहीं हटे तो 'युद्ध' आसन्न था। तापमान बढ़ रहा था। क्षितिज पर कोई समाधान नहीं लग रहा था और बर्फ का पिघलना असंभव लग रहा था।

हालाँकि, भारत की ओर से गतिरोध को समाप्त करने के राजनयिक प्रयासों में कोई कमी नहीं आई, विशेष रूप से चीन में 3 सितंबर को शुरू होनेवाले ब्रिक्स (BRICS) शिखर सम्मेलन से पहले। यह अतिशयोक्ति के बिना कहा जाना चाहिए कि एक व्यक्ति ’था, जिसने गतिरोध को दूर करने के लिए अथक और लगभग अकेले ही काम किया। 28 अगस्त को राहत मिली और भारतीय एवं (बाद में) चीनी सेनाएँ पीछे हटने लगीं। विदेश मंत्रालय ने एक बयान जारी किया और चीजें एक खतरनाक गति से सकारात्मक रूप से आगे बढ़ीं। यह कैसे हुआ ?

जब ऐसा लगा कि सुरंग के अंत में कोई प्रकाश नहीं है तो प्रकाश चमक रहा था और चमक रहा था। सैनिकों की वापसी बिल्कुल भी आसान नहीं थी, फिर भी ऐसा हुआ। जिस व्यक्ति ने टीम का नेतृत्व किया और इस संबंध को आगे बढ़ाया, वह कोई और नहीं, बल्कि भारत के राष्ट्रीय सुरक्षा सलाहकार अजीत डोभाल थे।

जब ऐसा लगा कि सुरंग के अंत में कोई प्रकाश नहीं है तो प्रकाश चमक रहा था और चमक रहा था। सैनिकों की वापसी बिल्कुल भी आसान नहीं थी, फिर भी ऐसा हुआ। जिस व्यक्ति ने टीम का नेतृत्व किया और इस संबंध को आगे बढ़ाया, वह कोई और नहीं, बल्कि भारत के राष्ट्रीय सुरक्षा सलाहकार अजीत डोभाल थे। आश्चर्यजनक रूप से, वह प्रशिक्षण या पेशे से कोई राजनयिक नहीं हैं। वह उत्कृष्ट पुरुषों के नेता हैं, जिन्होंने न केवल सामने से नेतृत्व किया, बल्कि सभी को अपने साथ लेकर काम किया। अंदरूनी सूत्रों का कहना है कि डोभाल ने अपने सहयोगियों को प्रेरित करने और एस्प्रिट डी कॉर्प्स को प्रेरित

करने के एक प्रतिभाशाली गुण के साथ एक ऐसा मिशन लिया, जो संभव दिखाई दिया और इसे 'मिशन पूरा' में बदल दिया।

आइए, जल्दी से उन घटनाओं का पुन:कथन करें, जिनके कारण यह संकल्प सिद्ध हुआ। किसी भी आगे के आंदोलन को रोकने के लिए प्रधानमंत्री नरेंद्र मोदी और चीनी राष्ट्रपति शी जिनपिंग ने दोनों देशों के एन.एस.ए. की प्रतिनियुक्ति करने का फैसला किया। डोभाल ने बीजिंग में यांग जिची से मुलाकात की और चीजें तेज गति से बढ़ने लगीं, जिसके परिणामस्वरूप दोनों सेनाओं को जल्द-से-जल्द अलग करना शुरू करने का निर्णय लिया गया।

इसके बाद, नई दिल्ली में चीनी राजदूत से शीघ्र ही मुलाकात की गई और भारतीय पक्ष के लिए आवश्यक गतिकी पर काम किया गया। डोभाल ने अपनी प्रशासनिक सूझ-बूझ, कुशल कूटनीतिक चाल और दूरदृष्टि का परिचय देते हुए सभी संबंधित लोगों को एक ही मेज पर ला खड़ा किया। ऐसे कार्य न केवल कठिन हैं, बल्कि असंभव भी हैं; लेकिन डोभाल अपने अपार अनुभव और राज्य शिल्प के मामलों में कुशल बातचीत के अनुभव के साथ उपयोगी साबित हुए। एक पुलिस अधिकारी के रूप में वे अपनी तेज प्रवृत्ति के लिए जाने जाते हैं। एक खुफिया अधिकारी के रूप में मिजो नेता लालडेंगा को मिजो समझौते पर हस्ताक्षर करने के लिए मेज पर लाने में उनके मास्टर स्ट्रोक और खालिस्तान संकट के चरम के दौरान उनकी विलक्षण दृष्टि एवं साहसी कृत्यों ने निश्चित रूप से प्रासंगिक अनुभव के रूप में काम किया।

इसके बाद, नई दिल्ली में चीनी राजदूत से शीघ्र ही मुलाकात की गई और भारतीय पक्ष के लिए आवश्यक गतिकी पर काम किया गया। डोभाल ने अपनी प्रशासनिक सूझ-बूझ, कुशल कूटनीतिक चाल और दूरदृष्टि का परिचय देते हुए सभी संबंधित लोगों को एक ही मेज पर ला खड़ा किया।

अलगाव के नाजुक कार्य को करते समय क्या करें और क्या न करें, इसके बारे में स्पष्टता के साथ डोभाल ने सेना प्रमुख, बाह्य व आंतरिक खुफिया एजेंसियों के प्रमुखों और अन्य आवश्यकता-आधारित हितधारकों को शामिल

करते हुए अपने ब्लूप्रिंट को लागू करने में अत्यधिक सतर्कता व सावधानी के साथ उन्हें एक ही पृष्ठ पर ठोस काररवाई के लिए साथ लाने के लिए आगे बढ़े। इसमें त्रुटि का अंतर शून्य होना चाहिए और समय के साथ सार होना चाहिए, क्योंकि ब्रिक्स (BRICS) सम्मेलन से पहले घड़ी टिक-टिक कर रही थी। चीन भी चाहता था कि भारत शिखर सम्मेलन को न छोड़े, जैसा कि उसने ओ.बी.ओ.आर. बैठक के दौरान किया था।

एक अन्य महत्त्वपूर्ण विशेषता, जिससे चतुराई से निपटने की आवश्यकता थी, वह थी भूटान। थिम्फू को सूक्ष्मता एवं चालाकी से प्रबंधित करना पड़ा, क्योंकि हिमालयी साम्राज्य चीनी फरमानों से सावधान था और सबसे खराब स्थिति में बलि का बकरा नहीं बनना चाहता था।

एक अन्य महत्त्वपूर्ण विशेषता, जिससे चतुराई से निपटने की आवश्यकता थी, वह थी भूटान। थिम्फू को सूक्ष्मता एवं चालाकी से प्रबंधित करना पड़ा, क्योंकि हिमालयी साम्राज्य चीनी फरमानों से सावधान था और सबसे खराब स्थिति में बलि का बकरा नहीं बनना चाहता था।

वास्तव में, पूरे देश ने इस विघटन के बाद राहत की साँस ली है, क्योंकि यह अनिश्चितता थी कि क्या स्थिति बिगड़ जाएगी और युद्ध में बदल जाएगी? संकेत दो प्रमुख कारकों के कारण चिंताजनक थे—पहला, भारत ने अतीत में चीन के साथ युद्ध लड़ा था और दूसरा, दोनों 'युद्धरत' पक्षों के बयान डराने-धमकानेवाले थे। इलेक्ट्रॉनिक मीडिया भी युद्ध उन्माद का ढोल पीट रहा था। पाकिस्तान हवा का रुख देख रहा था—शायद चीन और भारत के बीच बढ़ते तनाव का सुखद आनंद ले रहा था।

लेकिन युद्ध का दावा करनेवाले कई संशयवादी गलत साबित हुए। वे ठीक ही कहते हैं, "विवेक वीरता का बेहतर हिस्सा है।" डोकलाम मुद्दे पर तनाव कम करने के मामले में यह साबित हो गया कि कूटनीति किसी भी परिमाण के संकट को हल करने का विकल्प है और डोभाल ने इस कहावत को अक्षरश: सिद्ध किया।

यह भी संदेह से परे साबित हुआ कि इस तरह की समस्या को हल करने

के लिए किसी को पेशेवर राजनयिक, राजनेता, पार्टी कार्यकर्ता या अंतरराष्ट्रीय मध्यस्थ होने की आवश्यकता नहीं है।

क्या है डोकलाम विवाद?

डोकलाम एक पठार है, जो भूटान की हा-घाटी, भारत के पूर्व सिक्किम जिले और चीन के यदोंग काउंटी के बीच में है। यह एक ट्राइ-जंक्शन (तिराहा) है, जहाँ भारत, चीन व भूटान की सीमाएँ मिलती हैं। यह ट्राइ-जंक्शन भारत के नाथु ला दर्रे से मात्र 15 कि.मी. की दूरी पर है। डोकलाम को भूटान और चीन दोनों अपना क्षेत्र मानते हैं। भारत डोकलाम को भूटान का हिस्सा मानता है।

> ***डोकलाम विवाद क्या है, यह समझने के लिए चीन की मंशा को समझना होगा। चीन एक विस्तारवादी देश है। इसी विस्तारवादी सोच के तहत चीन के लगभग सभी पड़ोसी देशों के साथ विवाद चल रहा है। वर्ष 1988 और 1998 में चीन व भूटान के बीच समझौता हुआ था कि दोनों देश डोकलाम क्षेत्र में शांति बनाए रखने की दिशा में काम करेंगे।***

विवाद की वजह

डोकलाम विवाद क्या है, यह समझने के लिए चीन की मंशा को समझना होगा। चीन एक विस्तारवादी देश है। इसी विस्तारवादी सोच के तहत चीन के लगभग सभी पड़ोसी देशों के साथ विवाद चल रहा है। वर्ष 1988 और 1998 में चीन व भूटान के बीच समझौता हुआ था कि दोनों देश डोकलाम क्षेत्र में शांति बनाए रखने की दिशा में काम करेंगे। इस समझौते को दरकिनार करते हुए सन् 1988 के बाद से चीन—भूटान के कुछ क्षेत्रों पर अतिक्रमण करता आ रहा है। लेकिन डोकलाम में अभी तक चीन की सेना (पीपुल्स लिबरेशन आर्मी) की कोई स्थायी उपस्थिति नहीं थी। पहली बार चीन ने डोकलाम से जूमली में भूटान आर्मी शिविर की ओर एक सपाट सड़क का निर्माण शुरू किया। भूटान इस सड़क निर्माण का सैन्य तरीके से विरोध करने में सक्षम नहीं है, हालाँकि उसने चीनी पक्ष से जमीनी और

राजनयिक चैनलों के माध्यम से कई बार अपना विरोध जताया कि भूटानी क्षेत्र के अंदर सड़क का निर्माण पहले के समझौतों का उल्लंघन है।

वर्तमान में, डोकलाम पर भारत और चीन के बीच गतिरोध की शुरुआत तब हुई, जब 18 जून, 2017 को करीब 300 भारतीय सैनिकों ने दो बुलडोजरों के साथ डोकलाम में चीन की पीपुल्स लिबरेशन आर्मी (पी.एल.ए.) को सड़क बनाने से रोक दिया।

भारत क्यों शामिल है इस विवाद में?

वैसे तो भारत का इस क्षेत्र पर कोई दावा नहीं है। दरअसल, इस क्षेत्र को लेकर चीन व भूटान के बीच में विवाद है। भारत और भूटान के बीच वर्ष 1949 में एक संधि हुई थी, जिसमें तय हुआ था कि भारत अपने पड़ोसी देश भूटान की विदेश नीति एवं रक्षा मामलों का मार्गदर्शन करेगा। भारत और भूटान के बीच वर्ष 2007 में एक और सैन्य सहयोग पर एक समझौता हुआ था। इस समझौते के अनुच्छेद 2 में कहा गया है—'भूटान एवं भारत के बीच घनिष्ठ दोस्ती और सहयोग के संबंधों को ध्यान में रखते हुए भूटान और भारत सरकार अपने राष्ट्रीय हितों से संबंधित मुद्दों पर एक दूसरे का सहयोग करेंगी।'

वैसे तो भारत का इस क्षेत्र पर कोई दावा नहीं है। दरअसल, इस क्षेत्र को लेकर चीन व भूटान के बीच में विवाद है। भारत और भूटान के बीच वर्ष 1949 में एक संधि हुई थी, जिसमें तय हुआ था कि भारत अपने पड़ोसी देश भूटान की विदेश नीति एवं रक्षा मामलों का मार्गदर्शन करेगा।

भारत के लिए चिंता का कारण

चुंबी घाटी में स्थित डोकलाम सामरिक दृष्टि से भारत व चीन के लिए काफी महत्त्वपूर्ण है। जैसा कि विदेश मंत्रालय के वक्तव्य में उल्लेख किया गया है कि चीन के सड़क बनाने से इलाके की मौजूदा स्थिति में अहम बदलाव

आएगा। भारत इसे वर्ष 2012 के एक आपसी समझौते का उल्लंघन मानता है। यह भारत की सुरक्षा के लिए गंभीर चिंता का विषय है। सड़क निर्माण से चीन को भारत पर एक बड़ा सैन्य लाभ हासिल होगा। उसकी बड़ी वजह यह है कि अगर डोकलाम तक चीन की सुगम आवाजाही हो गई तो भारत को पूर्वोत्तर राज्यों से जोड़नेवाले 20 कि.मी. चौड़े इलाके पर चीन की बढ़त हो जाएगी। भारतीय सेना की भाषा में, इस इलाके को 'चिकन नेक' कहा जाता है। युद्ध की स्थिति में डोकलाम पर कब्जा होने का लाभ चीन को मिलेगा, जिसकी जद में सिलिगुड़ी से लेकर उसके आसपास का इलाका आ जाएगा। अगर चीन डोकलाम में अपनी तोपें तैनात करता है तो उसकी जद में भारत का चिकन नेक वाला इलाका आ जाएगा, जिससे पूर्वोत्तर से शेष भारत के कटने का खतरा बना रहेगा।

करीब 70 दिनों से चला आ रहा डोकलाम विवाद 28 अगस्त को सुलझ गया है। दोनों देशों के बीच चल रही कूटनीतिक वार्त्ताओं के बाद सेनाएँ हटाने पर सहमति बन गई।

डोकलाम का इतिहास क्या है?

तमाम विवादित मुद्दों पर इतिहास का संस्मरण देनेवाला चीन डोकलाम मुद्दे पर भी कुछ ऐसा ही तर्क दे रहा है। चीन के अनुसार, डोकलाम नाम का इस्तेमाल तिब्बती चरवाहे पुराने चरागाह के रूप में करते थे। चीन का यह भी दावा है कि डोकलाम में जाने के लिए वर्ष 1960 से पहले तक भूटान के चरवाहे उसकी अनुमति लेकर ही जाते थे; हालाँकि, ऐतिहासिक रूप से इसके कोई प्रमाण मौजूद नहीं हैं।

डोकलाम पर क्या है वर्तमान स्थिति

करीब 70 दिनों से चला आ रहा डोकलाम विवाद 28 अगस्त को सुलझ गया है। दोनों देशों के बीच चल रही कूटनीतिक वार्त्ताओं के बाद सेनाएँ हटाने पर सहमति बन गई।

विवादित डोकलाम क्षेत्र में चीनी सेना द्वारा सड़क बनाकर इस त्रिकोणीय सीमा क्षेत्र में एकतरफा ढंग से यथास्थिति में बदलाव के प्रयास को रोकने के

लिए भारतीय सेना ने 16 जून को आगे बढ़कर चीनी सेना को रोक दिया था। इस गतिरोध के बाद 28 अगस्त को दोनों देशों की सेनाएँ वापस लौट गईं और इस प्रकार से 16 जून के पहले की स्थिति बहाल हो गई।

भूटान ने चीनी सेना के इस कदम को उसकी जमीन को चीन द्वारा हड़पे जाने के प्रयास के तौर पर देखा था और चीनी सैनिकों द्वारा खदेड़े गए भूटानी सैनिकों ने मदद के लिए भारतीय सेना को बुलाया था। भारत एवं भूटान के बीच रक्षा संबंधी समझौते के आधार पर भारत ने चीनी सेना को चुनौती दी थी।

बड़ी कूटनीतिक जीत

यह निश्चित रूप से भारत की कूटनीतिक जीत है। इस विवाद के निपटारे से क्षेत्रीय सुरक्षा और शांति की स्थापना में मदद मिलेगी। चीन की ओर से जिस तरह से लगातार युद्ध की धमकी दी जा रही थी, उससे माहौल काफी तनावपूर्ण हो गया था; लेकिन भारत लगातार अपनी ओर से संयम बनाए रहा। भारत ने कूटनीतिक विकल्पों को खुला रखा। इससे विवाद निपटाने में मदद मिली।

भूटान ने चीनी सेना के इस कदम को उसकी जमीन को चीन द्वारा हड़पे जाने के प्रयास के तौर पर देखा था और चीनी सैनिकों द्वारा खदेड़े गए भूटानी सैनिकों ने मदद के लिए भारतीय सेना को बुलाया था। भारत एवं भूटान के बीच रक्षा संबंधी समझौते के आधार पर भारत ने चीनी सेना को चुनौती दी थी।

डोकलाम पर भारत और चीन का तर्क

चीन का दावा : चीन ने डोकलाम को विवादित स्थल के बजाय अपना बताया है। उसका कहना है कि भारत ने वहाँ निर्माण रुकवाकर उसकी संप्रभुता पर प्रश्न उठाया है।

भारतीय पक्ष : चीन ने जब डोकलाम में सड़क बनाना शुरू किया तो भूटान ने भारतीय सेना से मदद माँगी। डोकलाम भूटान का हिस्सा है और यह ट्राइ जंक्शन है, जहाँ तीनों पक्षों की सहमति के बिना कोई बदलाव नहीं हो सकता।

डोकलाम पर अंतरराष्ट्रीय पक्ष

अमेरिका

अमेरिका ने कहा है कि तीनों देशों की सीमाओं के तिराहे पर यथास्थिति बहाल की जाए। इस तरह से उसने चीन के सड़क निर्माण का विरोध किया।

जापान

जापान डोकलाम विवाद पर खुलकर भारत के पक्ष में आया। चीन की धमकियों पर भारत में जापान के राजदूत ने कहा था कि किसी को भी बल-प्रयोग कर यथास्थिति को नहीं बदलना चाहिए।

भूटान

चीन ने झूठ फैलाया कि भूटान ने डोकलाम को चीन का हिस्सा मान लिया है। लेकिन भूटान के विदेश मंत्रालय ने तुरंत कहा कि वहाँ सड़क का निर्माण संधियों का खुला उल्लंघन है।

नेपाल

नेपाल के उप-प्रधानमंत्री कृष्ण बहादुर महारा ने कहा था कि सीमा विवाद पर नेपाल न ही इस पक्ष रहेगा और न ही उस पक्ष। भारत व चीन शांतिपूर्ण तरीके से हल खोजें।

पाकिस्तान

18 जुलाई को पाक मीडिया ने दावा कर दिया कि चीनी सेना ने डोकलाम में आक्रमण कर 158 भारतीय सैनिकों को मार दिया। इस झूठी खबर से पाक बेनकाब हुआ।

डोकलाम तनाव : घटनाक्रम

16 जून को डोकलाम भारत और चीन के बीच उस समय तनाव की वजह बन गया, जब चीन ने यहाँ पर सड़क बनाने की कोशिश की। भारत की सेना की

ओर से इसका विरोध किया गया।

18 जून : भारतीय सेनाओं ने इस सीमा को पार करके वहाँ पर हो रहे सड़क निर्माण के कार्य को रोक दिया।

19 जून : भारत ने चीन पर आरोप लगाया कि डोकलाम में सड़क निर्माण के जरिए चीन ने शांति समझौते का उल्लंघन करने की कोशिश की है। चीन ने भारत पर उसकी सीमा को पार करने का आरोप लगाया।

20 जून : भूटान के राजदूत ने चीन की ओर से उसके क्षेत्र में हुई घुसपैठ का विरोध दर्ज कराया।

23 जून : चीन ने कैलाश मानसरोवर की यात्रा पर जानेवाले भारतीय तीर्थयात्रियों के पहले जत्थे को रोक दिया।

28 जून : सेना प्रमुख जनरल बिपिन रावत ने सिक्किम का दौरा किया और डोकलाम ट्राइ जंक्शन पर हालात का जायजा लिया।

29 जून : चीन ने 35 टन के मिलिट्री टैंक को नाथू ला बॉर्डर के पास टेस्ट किया।

30 जून : रक्षा मंत्री अरुण जेटली ने कहा, "चीन अब जान ले कि आज का भारत सन् 1962 से काफी अलग है।" चीन ने कहा, "चीन भी 1962 वाला चीन नहीं है।"

6 जुलाई : चीन ने जी-20 शिखर सम्मेलन में होनेवाली प्रधानमंत्री नरेंद्र मोदी और चीनी राष्ट्रपति शी जिनपिंग की बैठक को स्थगित कर दिया।

20 जुलाई : चीनी मीडिया ने युद्ध की धमकी दी और कहा कि 'हिंदू राष्ट्रवाद' ने प्रधानमंत्री नरेंद्र मोदी की चीन नीति को प्रभावित किया है।

20 जुलाई : विदेश मंत्री सुषमा स्वराज ने कहा, "भारत-चीन के साथ सीमा विवाद का हल बातचीत के जरिए करना चाहता है। इसके लिए पहले दोनों देशों को डोकलाम से अपनी सेनाओं को पीछे हटाना होगा।"

27 जुलाई : राष्ट्रीय सुरक्षा सलाहकार (एन.एस.ए.) अजीत डोभाल ने ब्रिक्स (BRICS) देशों के शीर्ष सुरक्षा अधिकारियों की बैठक से अलग चीनी एन.एस.ए. और स्टेट काउंसलर यांग जेची से बातचीत की।

02 अगस्त : चीनी विदेश मंत्रालय ने 22 मार्च, 1959 को जवाहरलाल

नेहरू द्वारा चाउ एन लाइ को सन् 1890 के एंग्लो-चीनी सम्मेलन में हुए समझौते का समर्थन लिखे पत्र का हवाला देते हुए कहा है कि डोकलाम पर न तो भूटान का और न ही भारत का दावा बनता है।

8 अगस्त : रक्षा मंत्री अरुण जेटली ने कहा कि "भारत की सेनाएँ किसी भी तरह के युद्ध के लिए तैयार हैं।"

10 अगस्त : भूटान ने डोकलाम को चीन का हिस्सा माननेवाले चीन के बयान को गलत करार दिया। चीनी विदेश मंत्रालय की ओर से दावा किया गया था कि सिक्किम सेक्टर में पड़नेवाले डोकलाम को भूटान चीन का हिस्सा मानने को तैयार हो गया है।

15 अगस्त : पैंगोंग झील के उत्तरी किनारे पर चीनी सेना ने भारतीय सीमा में घुसपैठ की कोशिश की। नाकाम होने के बाद चीनी सैनिकों ने पत्थरबाजी शुरू की। चीन ने कहा कि उसे इस घटना की कोई जानकारी नहीं।

□

रणनीतिक नीति समूह के प्रमुख

मोदी सरकार ने राष्ट्रीय सुरक्षा परिषद् की सहायता करने और दीर्घकालिक रणनीतिक रक्षा समीक्षा में मदद करने के लिए एक रणनीतिक नीति समूह (एस.पी.जी.) का गठन किया। गृह मंत्रालय के एक शीर्ष अधिकारी के अनुसार, पैनल अंतर-मंत्रालयी समन्वय और राष्ट्रीय सुरक्षा नीतियों के निर्माण में प्रासंगिक इनपुट के एकीकरण के लिए प्रमुख तंत्र है।

एस.पी.जी. की अध्यक्षता राष्ट्रीय सुरक्षा सलाहकार अजीत डोभाल करते हैं और इसके सदस्यों में नीति आयोग के उपाध्यक्ष, कैबिनेट सचिव, तीनों रक्षा सेवाओं के प्रमुख, आर.बी.आई. गवर्नर, विदेश सचिव, गृह सचिव, वित्त सचिव और रक्षा सचिव शामिल हैं। रक्षा उत्पादन और आपूर्ति विभाग के सचिव, रक्षा मंत्री के वैज्ञानिक सलाहकार एवं सचिव, कैबिनेट सचिवालय भी पैनल के सदस्य होते हैं।

अन्य सदस्य हैं—सचिव, राजस्व विभाग; सचिव, परमाणु ऊर्जा विभाग; सचिव, अंतरिक्ष विभाग; निदेशक, खुफिया ब्यूरो और सचिव, राष्ट्रीय सुरक्षा परिषद् सचिवालय। एक अन्य अधिकारी के अनुसार, जरूरत पड़ने पर अन्य मंत्रालयों और विभागों के प्रतिनिधियों को समूह की बैठकों में आमंत्रित किया जा सकता है।

राष्ट्रीय सुरक्षा सलाहकार एस.पी.जी. की बैठकें बुलाते हैं और कैबिनेट सचिव केंद्रीय मंत्रालयों एवं विभागों और राज्य सरकारों द्वारा समूह के फैसलों के कार्यान्वयन का समन्वय करते हैं।

पैनल राष्ट्रीय सुरक्षा सलाहकार अजीत डोभाल को सन् 1998 में पद सृजित होने के बाद से भारत में सबसे शक्तिशाली नौकरशाह बना देता है। □

आतंकवादी खतरा और प्रतिक्रिया क्षमता

कार्य-कारण सह-संबंध सिद्ध करता है, लेकिन सह-संबंध कार्य-कारण सिद्ध नहीं करता। 26/11 के बाद किसी भी बड़ी घटना के न होने का आतंकवाद से सह-संबंध है, लेकिन इसकी अनुपस्थिति खतरे के गायब होने को साबित नहीं करती है। घटना-केंद्रित आकलन अकसर ऐसे सरलीकरण की ओर ले जाते हैं, क्योंकि मानव मन को जटिल मुद्दों को सरल बनाने के लिए डिजाइन किया गया है, ताकि उन्हें समझ में आने की सीमा के भीतर लाया जा सके।

14 नवंबर, 2009 को मुंबई के पस्त हुए ट्राइडेंट होटल में 'सुरक्षा शिखर सम्मेलन' के दौरान महाराष्ट्र के पुलिस महानिदेशक का यह दावा कि "पुलिस के प्रतिक्रिया तंत्र में काफी सुधार हुआ है और अब हम बहुत अधिक आश्वस्त हैं।" खुशी की बात है। लेकिन इसे चुटकी के तौर पर लिया जाना चाहिए।

इस साल की शुरुआत में अल कायदा के शीर्ष पदाधिकारियों में से एक मुस्तफा अबू-अल यजीद द्वारा जारी किए गए एक बयान के बारे में कहा जाता है कि "इसलामी स्टेट, जिसने बंबई के साहसी और वीर शहीदों को जन्म दिया, जिन्होंने आपको अपने घरों के बीच मारा और आपको अपमानित किया है, उनके जैसे हजारों और पैदा करने में सक्षम है।" प्रभाव का एक लंबा दावा है, न कि उनकी वास्तविक क्षमताओं का एक पैमाना। सट्टेबाजों को छोड़कर कोई भी अपने पैसे को दाँव पर नहीं लगा सकता है, जहाँ सच्चाई है। क्रिस्टल टकटकी के बजाय यह एक पेशेवर दृष्टिकोण की माँग करता है।

सार्थक जोखिम मूल्यांकन परिवर्तनों के लिए, यदि कोई हो, सुरक्षा भागफल निर्धारित करनेवाले दो स्वतंत्र कारकों का विश्लेषण करने की आवश्यकता है।

पहला 'उत्तेजक' से संबंधित है, अर्थात् खतरे के स्त्रोत की रूपरेखा। खतरे के स्तर में बदलाव काफी हद तक खतरे के स्त्रोत की क्षमता और इरादों में बदलाव से निर्धारित होता है। दूसरा 'प्रतिक्रिया' से संबंधित है, अर्थात् खतरे में पड़ी इकाई की खतरे को नष्ट करने, रोकने या रोकने की क्षमता।

जैसा कि डेविड हेडली और तहव्वुर राणा द्वारा किए गए खुलासे के आलोक में मूल्यांकन किया गया था, बँगलादेश में हूजी और लश्कर-ए-तैयबा के कार्यकर्ताओं का ढाका में भारतीय उच्चायोग को निशाना बनाना, नकली भारतीय मुद्रा के मामलों की जाँच, जो आई.एस.आई. लिंकेज, जम्मू व कश्मीर में निरंतर घुसपैठ और हमलों का संकेत देता है, देश के विभिन्न हिस्सों से गिरफ्तार किए गए जिहादियों आदि के खुलासों से यह स्पष्ट है कि आतंकवादी समूहों और उनके आकाओं से खतरे कम नहीं हो रहे हैं।

जैसा कि डेविड हेडली और तहव्वुर राणा द्वारा किए गए खुलासे के आलोक में मूल्यांकन किया गया था, बँगलादेश में हूजी और लश्कर-ए-तैयबा के कार्यकर्ताओं का ढाका में भारतीय उच्चायोग को निशाना बनाना, नकली भारतीय मुद्रा के मामलों की जाँच, जो आई.एस.आई. लिंकेज, जम्मू व कश्मीर में निरंतर घुसपैठ और हमलों का संकेत देता है...

हालाँकि, इरादे अपरिवर्तित रहते हैं और क्षमताएँ बरकरार रहती हैं, पिछले एक साल में दो बदलाव हुए हैं, जो पाकिस्तान को अपने शैतानी इरादों को जमीनी कारवाई में बदलने की क्षमता को प्रभावित करेंगे। पहला, आतंकवाद को अपनी रणनीति के रूप में इस्तेमाल करते हुए उग्र विद्रोह और दूसरा, पाकिस्तान आतंकवाद के मोर्चे पर भारी अंतरराष्ट्रीय जाँच के दायरे में आ रहा है, जिससे अतीत की तरह दंड-मुक्ति के साथ काम करना मुश्किल हो गया है।

एक सरल आकलन के विपरीत ये कारक खतरे को कम नहीं करते हैं, लेकिन भारत के नुकसान के लिए इसके चरित्र को बदल सकते हैं। नई योजनाएँ अधिक कुटिल व सतर्क होंगी और इसमें शामिल होने की कोई गंध नहीं छोड़ने

की कोशिश की जाएगी। यह पाकिस्तान को अपने संरक्षण का आनंद लेनेवाले समूहों को संसाधनों को रोके बिना काररवाई करने के लिए अधिक स्वायत्तता देगा—एक ऐसी स्वतंत्रता, जो भारत को चोट पहुँचा सकती है। इसके अलावा, भारत को अपने संकटों के लिए जिम्मेदार होने का गलत संदेह करते हुए वह लश्कर, हूजी, एच.एम. आदि को जवाबी काररवाई करने के लिए कह सकता है। चूँकि इन संगठनों की परिचालन क्षमताएँ बरकरार हैं और इसलिए उनकी स्ट्राइक क्षमताएँ भी हैं, यह आकलन करना गलत होगा कि बदली हुई सेटिंग खतरे के स्तर को कम कर देगी।

हमेशा, हर समूह में आई.एस.आई. का प्रवेश होता है और वह है आई.एस.आई. की दक्षता, प्रभावशीलता। आपके पास प्रवेश होना चाहिए, ताकि आप सभी संगठनों को प्रभावित कर सकें और पाकिस्तान के अपने फायदे के लिए उनका इस्तेमाल कर सकें।

मुशर्रफ के अनुसार, "हमेशा, हर समूह में आई.एस.आई. का प्रवेश होता है और वह है आई.एस.आई. की दक्षता, प्रभावशीलता। आपके पास प्रवेश होना चाहिए, ताकि आप सभी संगठनों को प्रभावित कर सकें और पाकिस्तान के अपने फायदे के लिए उनका इस्तेमाल कर सकें।"

हाल के कदम अधिक सामरिक चौकसी और शैतानी के साथ भविष्य के उपयोग का संकेत देते हैं; जैसे—तीसरे देश के ठिकानों के माध्यम से संचालन, संचालन के लिए स्थानीय युवाओं की भरती, छोटे शहरों में नेटवर्क का विस्तार, स्लीपर सेल को ओस्टेंसिबल कवर के साथ प्रदान करना, संचार पर लश्कर, हूजी और अन्य को सख्त निर्देश जारी करना आदि निदर्शी हैं। खतरे कम नहीं हुए हैं, बल्कि अपना चरित्र बदल रहे हैं।

पिछले एक साल में कुछ बदलाव मुख्य रूप से अतीत की कमियों को दूर करने के लिए लाए गए हैं। क्या मुंबई की पुनरावृत्ति होनी चाहिए? भारतीय प्रतिक्रिया बेहतर हो सकती है। त्वरित प्रतिक्रिया टीमों का परिचय, नवीनतम हथियारों का अधिग्रहण, राष्ट्रीय सुरक्षा गार्ड (एन.एस.जी.) की पुनः तैनाती,

राष्ट्रीय जाँच एजेंसी (एन.आई.ए.) का गठन, कुछ उच्च भेद्यता वाले क्षेत्रों में नवीनतम हथियारों और ग्लोबल पोजिशनिंग सिस्टम (जी.पी.एस.) आदि से लैस लड़ाकू वाहन उपलब्ध कराने से गति मिलेगी। बेहतर मारक क्षमता और हमारे बलों को सामरिक लाभ, हालाँकि सीमित क्षेत्रों में बेहतर प्रौद्योगिकी समर्थन के साथ कमजोर लक्ष्यों की सुरक्षात्मक सुरक्षा को भी मजबूत किया गया है।

हालाँकि, भारत के आकार, विविधता और स्वतंत्रता से देश की रक्षा केवल रक्षात्मक मोड में नहीं की जा सकती है। हेडली और राणा के मामले हमारे कवच में वहन करने योग्य कमी के संकेत हैं।

राष्ट्र के सुरक्षा स्तरों को तब तक नहीं बढ़ाया जा सकता, जब तक कि आतंकवादी समूहों की क्षमता को कम नहीं कर दिया जाता है और बंदूक चलानेवालों, फाइनेंसरों एवं अंडरवर्ल्ड के साथ उनके सहयोगात्मक संबंध को समाप्त नहीं कर दिया जाता है, स्लीपर सेल को ध्वस्त कर दिया जाता है तथा एक नियोजित एवं निरंतर प्रयास के माध्यम से जमीनी समर्थन-आधारों को नष्ट नहीं कर दिया जाता है।

राष्ट्र के सुरक्षा स्तरों को तब तक नहीं बढ़ाया जा सकता, जब तक कि आतंकवादी समूहों की क्षमता को कम नहीं कर दिया जाता है और बंदूक चलानेवालों, फाइनेंसरों एवं अंडरवर्ल्ड के साथ उनके सहयोगात्मक संबंध को समाप्त नहीं कर दिया जाता है, स्लीपर सेल को ध्वस्त कर दिया जाता है तथा एक नियोजित एवं निरंतर प्रयास के माध्यम से जमीनी समर्थन-आधारों को नष्ट नहीं कर दिया जाता है।

इन लक्ष्यों को पूरा करने के लिए बहुत कम हासिल किया गया है या क्षमताओं का निर्माण नहीं किया गया है। भारत अपनी सुरक्षा के लिए इस उम्मीद पर निर्भर नहीं रह सकता कि विरोधी अपने ही अंतर्विरोधों का शिकार हो जाएँ या भारत के लिए खतरे कम करनेवाली विदेशी पहल करें। नए खतरे हमें उन जगहों पर आ सकते हैं, जहाँ हम कम-से-कम तैयार हैं और जिन रूपों में हम सबसे कम उम्मीद करते हैं और देश ने अभी तक खुद को तैयार नहीं किया है। □

अनुच्छेद 370 का उन्मूलन और अजीत डोभाल

प्रधानमंत्री नरेंद्र मोदी, गृह मंत्री अमित शाह और राष्ट्रीय सुरक्षा सलाहकार अजीत डोभाल की इस तिकड़ी ने अनुच्छेद 370 का ऐसी सफाई से खात्मा किया कि किसी को भनक तक नहीं लगी। मोदी सरकार के इस मिशन कश्मीर में एन.एस.ए. अजीत डोभाल ने सही मायनों में जेम्स बॉण्ड की भूमिका निभाई। कश्मीर में अनुच्छेद 370 हटाने के बाद अगर अभी तक कोई हिंसा नहीं हुई है तो इसका श्रेय अनुच्छेद 370 की विदाई के लिए रणनीति बनानेवाले गृह मंत्री अमित शाह के साथ-साथ कश्मीर में अनुच्छेद 370 हटाने की जमीन तैयार करनेवाले अजीत डोभाल को भी जाता है, जिन्होंने एक बार फिर अपनी काबिलीयत से देश को रू-बरू कराया।

अनुच्छेद 370 हटने के बाद अजीत डोभाल बोले कि मैं पूरी तरह से आश्वस्त हूँ कि अधिकांश कश्मीरी लोग अनुच्छेद 370 को हटाए जाने का समर्थन करते हैं। वे अधिक-से-अधिक आर्थिक प्रगति, अपने उज्ज्वल भविष्य एवं रोजगार के अवसरों को देख रहे हैं। केवल कुछ बदमाश प्रवृत्ति के लोग इसका विरोध कर रहे हैं।

अजीत डोभाल ने आगे कहा कि कि सेना के अत्याचारों का वहाँ कोई सवाल ही नहीं उठता। केवल राज्य पुलिस और कुछ केंद्रीय बल कानून-व्यवस्था सँभाल रहे हैं। आतंकियों से लड़ने के लिए भारतीय सेना है।

इसके अलावा, उन्होंने कहा कि जम्मू व कश्मीर के भौगोलिक क्षेत्र का

92.5 प्रतिशत प्रतिबंधों से मुक्त है। उन्होंने राज्य के नेताओं को एहतियातन हिरासत में रखे जाने पर कहा कि उन्हें एहतियातन हिरासत में रखा गया है, क्योंकि अगर सभाएँ होतीं तो कानून व व्यवस्था बनाए रखने में समस्याएँ हो सकती थीं और आतंकवादी हालात का इस्तेमाल करते।

उन्होंने यह भी कहा कि जम्मू व कश्मीर के किसी भी नेता पर आपराधिक केस या राष्ट्रद्रोह का आरोप नहीं लगाया गया है। उन्हें हालात सामान्य होने तक हिरासत में रखा गया है। साथ ही उन्होंने यह भी कहा कि कानून के अनुरूप ऐसा किया गया है। डोभाल ने कहा कि मुझे लगता है कि जम्मू व कश्मीर में स्थिति, जैसा मैं अनुमान लगा रहा था, उससे बहुत बेहतर हो रही है। केवल एक घटना की सूचना मिली है—6 अगस्त को, जिसमें एक जवान लड़के ने दम तोड़ दिया। वह गोली लगने से नहीं मरा है। पोस्टमॉर्टम रिपोर्ट में आया है कि कुछ भारी चीज लगने की वजह से उसकी मृत्यु हुई।

जम्मू व कश्मीर से अनुच्छेद 370 हटने के बाद राष्ट्रीय सुरक्षा सलाहकार अजीत डोभाल ने आम कश्मीरियों से भी मुलाकात की और उनकी समस्याओं पर चर्चा की। उन्होंने लोगों को आश्वासन दिया कि आपके बच्चे सुरक्षित रहें, यह हमारी प्राथमिकता है। उन्होंने कहा कि आपकी सलामती हमारी जिम्मेदारी है।

जम्मू व कश्मीर से अनुच्छेद 370 हटने के बाद राष्ट्रीय सुरक्षा सलाहकार अजीत डोभाल ने आम कश्मीरियों से भी मुलाकात की और उनकी समस्याओं पर चर्चा की। उन्होंने लोगों को आश्वासन दिया कि आपके बच्चे सुरक्षित रहें, यह हमारी प्राथमिकता है। उन्होंने कहा कि आपकी सलामती हमारी जिम्मेदारी है। इतना ही नहीं, अजीत डोभाल ने आम कश्मीरियों के साथ बातचीत करते हुए उनके साथ भोजन भी किया।

राष्ट्रीय सुरक्षा सलाहकार अजीत डोभाल ने घाटी में तैनात अर्धसैनिक बलों के जवानों से भी मुलाकात की। उन्होंने उनका मनोबल बढ़ाया। इसके साथ ही, उन्होंने जम्मू व कश्मीर पुलिस के जवानों से भी मुलाकात कर उनका

मनोबल बढ़ाया। अजीत डोभाल ने अनुच्छेद 370 के बाद घाटी की स्थिति पर बहुत बारीकी से नजर बनाए रखी।

डोभाल ने लोगों से कहा, "सबकुछ ठीक हो जाएगा। आपकी रक्षा और सुरक्षा हमारी जिम्मेदारी है।" इस बीच कश्मीर में अभूतपूर्व सुरक्षा कदम उठाए गए तथा कानून व व्यवस्था की स्थिति बनाए रखने के लिए कई प्रतिबंध लगाए गए और सभी संचार सेवाएँ निलंबित कर दी गईं। डोभाल बंद दुकानों के बाहर एक पगडंडी पर खाना खाते तथा स्थानीय लोगों से बात करते दिखे। उन्होंने सुरक्षा मुद्दे और अनुच्छेद 370 हटाने तथा राज्य को दो केंद्र-शासित प्रदेशों में विभाजित करने के सरकार के फैसले पर लोगों के साथ विचारों का आदान-प्रदान किया। राष्ट्रीय सुरक्षा सलाहकार ने लोगों से कहा, "आपके और उनके बच्चे यहीं रहेंगे। वे दुनिया में अपना नाम करेंगे।"

डोभाल ने लोगों से कहा, "सबकुछ ठीक हो जाएगा। आपकी रक्षा और सुरक्षा हमारी जिम्मेदारी है।" इस बीच कश्मीर में अभूतपूर्व सुरक्षा कदम उठाए गए तथा कानून व व्यवस्था की स्थिति बनाए रखने के लिए कई प्रतिबंध लगाए गए और सभी संचार सेवाएँ निलंबित कर दी गईं।

उन्होंने क्षेत्र में मौजूद पुलिसकर्मियों से भी मुलाकात की और पिछले कई वर्षों से राज्य में स्थिति को नियंत्रण में बनाए रखने में उनकी भूमिका की सराहना की। डोभाल ने पुलिसकर्मियों से कहा, "जम्मू व कश्मीर पुलिस सर्वश्रेष्ठ पुलिस बलों में से एक है। हमारे लिए इसका विशेष स्थान है।" बाद में स्थानीय लोगों और पुलिसकर्मियों से बात करते हुए डोभाल का वीडियो सोशल मीडिया पर वायरल हो गया। उनके साथ राज्य के पुलिस महानिदेशक दिलबाग सिंह भी थे।

ध्यातव्य रहे कि केंद्र सरकार ने जम्मू व कश्मीर को विशेष राज्य का दर्जा देनेवाले अनुच्छेद 370 को खत्म कर दिया और जम्मू व कश्मीर पुनर्गठन विधेयक पारित कर इसे दो हिस्सों में विभाजित कर केंद्र-शासित प्रदेश घोषित कर दिया है। एक हिस्सा जम्मू व कश्मीर है, जिसमें विधानसभा होगी; जबकि दूसरा हिस्सा लद्दाख का होगा, जो कि बगैर विधानसभा के केंद्र-शासित प्रदेश होगा।

घाटी के दौरे के दौरान राष्ट्रीय सुरक्षा सलाहकार अजीत डोभाल ने यह सुनिश्चित किया कि घाटी में जान-माल की कोई हानि न हो। उन्होंने शोपियाँ में स्थानीय लोगों से बातचीत की और उनके साथ खाना भी खाया। यह इलाका एक समय में आतंकी गतिविधियों के लिए कुख्यात था।

डोभाल का एक वीडियो भी सामने आया। इस घटनाक्रम का एक वीडियो भी सोशल मीडिया पर सामने आया था। इसमें डोभाल स्थानीय लोगों से कहते नजर आए थे कि एक बार नया प्रशासन आने के बाद सारी चीजें बदल जाएँगी।

5 अगस्त, 2019 को सरकार ने जम्मू व कश्मीर से विशेष राज्य का दर्जा वापस ले लिया था। अनुच्छेद 370 को निष्प्रभावी कर दिया गया। जम्मू व कश्मीर और लद्दाख को केंद्र-शासित प्रदेशों में तब्दील किए जाने की घोषणा की थी। अजीत डोभाल अनुच्छेद 370 हटाए जाने की घोषणा से पहले ही जम्मू व कश्मीर पहुँचकर सुरक्षा व्यवस्था की लगातार समीक्षा करते रहे। फिर अनुच्छेद 370 हटाने के बाद से घाटी में तनाव के बीच राष्ट्रीय सुरक्षा सलाहकार ने समूचे श्रीनगर शहर, पुलवामा, अवंतीपुरा, पाम्पोर व बडगाम में हालात का जायजा लिया।

5 अगस्त, 2019 को सरकार ने जम्मू व कश्मीर से विशेष राज्य का दर्जा वापस ले लिया था। अनुच्छेद 370 को निष्प्रभावी कर दिया गया। जम्मू व कश्मीर और लद्दाख को केंद्र-शासित प्रदेशों में तब्दील किए जाने की घोषणा की थी। अजीत डोभाल अनुच्छेद 370 हटाए जाने की घोषणा से पहले ही जम्मू व कश्मीर पहुँचकर सुरक्षा व्यवस्था की लगातार समीक्षा करते रहे।

गौरतलब है कि अजीत डोभाल केंद्र सरकार के आँख-कान बनकर जम्मू व कश्मीर में डटे रहे और हालात पर पैनी नजर बनाए रहे। अजीत डोभाल को राष्ट्रवादी विचारों वाला कहा जाता है और प्रधानमंत्री मोदी उन पर अखंड विश्वास करते हैं। अजीत डोभाल मोदी सरकार में राष्ट्रीय सुरक्षा सलाहकार तो हैं ही, इस बार उनको कैबिनेट का भी दर्जा दिया गया है।

12 अगस्त, 2019 को ईद के दिन कश्मीर घाटी में सोमवार की सुबह मसजिदों में ईद-उल-अजहा की नमाज शांतिपूर्ण ढंग से अदा की गई; लेकिन कर्फ्यू जैसे प्रतिबंध लगे होने के कारण सड़कों से त्योहार की रौनक गायब रही। राष्ट्रीय सुरक्षा सलाहकार अजीत डोभाल ने इस दिन समूचे श्रीनगर शहर, दक्षिणी कश्मीर के पुलवामा व अवंतीपुरा जिलों के अलावा पाम्पोर और बडगाम की रेकी की। सभी इलाकों में ईद शांतिपूर्वक मनाई जा रही थी।

डोभाल खुद जमीनी स्तर पर स्थानीय लोगों से बात कर उन्हें समझाते नजर आए कि उनका एकमात्र विकल्प भारत और उसका विकास मॉडल है। कट्टरपंथी इसलामी वहाबी सलाफिज्म, जो युवाओं को राजनीतिक जेहाद की आड़ में भड़काता है, भारत की सबसे बड़ी चिंता है।

राज्य का विशेष दर्जा खत्म किए जाने की घोषणा के बाद डोभाल ने 11 दिनों तक घाटी में डेरा डाले रखा था। सरकार के फैसले के बाद कहीं अप्रिय स्थिति उत्पन्न न हो और लोगों के बीच सरकार का विश्वास बना रहे, इसके लिए एन.एस.ए. ने श्रीनगर के डाउन टाउन से लेकर दक्षिणी कश्मीर के आतंकवाद-प्रभावित शोपियाँ जिले तक का दौरा किया।

बकरीद के दिन जम्मू व कश्मीर की मसजिदों में ईद-अल-अजहा के मौके पर 10,000 से ज्यादा लोगों ने शांतिपूर्ण तरीके से नमाज अदा की। जानकारी के अनुसार, अनंतनाग, बारामूला, बडगाम, बाँदीपुरा के निवासियों ने नमाज अदा की और मिठाइयाँ बाँटीं। जम्मू व कश्मीर में इस दौरान किसी भी तरह की अप्रिय घटना की सूचना नहीं मिली।

इस दौरान डोभाल भेड़ विक्रेताओं से भी मिले थे और उनसे बातचीत की। व्यक्तिगत रूप से डोभाल के लिए और सामूहिक रूप से सरकार के लिए बहुत कुछ दाँव पर लगा रहा। राज्य में धारा 144 लागू रही। स्थानीय आबादी का पाकिस्तान से संपर्क तोड़कर सरकार ने एक बड़ी राजनीतिक व कूटनीतिक जीत हासिल की।

□

अफगान संकट और अजीत डोभाल

भारत ने अफगानिस्तान संकट पर सुरक्षा वार्त्ता के लिए रूस, ईरान और पाँच मध्य एशियाई देशों के शीर्ष सुरक्षा अधिकारियों की मेजबानी की। सभी अधिकारियों ने अफगान संकट के बाद आतंकवाद, कट्टरपंथ और मादक पदार्थों के बढ़ते खतरों से निपटने में व्यावहारिक सहयोग के लिए साझा दृष्टिकोण तलाशे। चीन को 'अफगानिस्तान पर दिल्ली क्षेत्रीय सुरक्षा वार्त्ता' के लिए आमंत्रित किया गया था, लेकिन उसने भारत को पहले ही सूचित कर दिया है कि वह कार्यक्रम के समय से संबंधित कुछ मुद्दों के कारण बैठक में शामिल नहीं हो पाएगा। पाकिस्तान ने भी बैठक में शामिल न होने का फैसला किया।

राष्ट्रीय सुरक्षा सलाहकार अजीत डोभाल की अध्यक्षता में हुए संवाद में कजाकिस्तान, किर्गिस्तान, ताजिकिस्तान, तुर्कमेनिस्तान और उज्बेकिस्तान के शीर्ष सुरक्षा अधिकारी शामिल रहे। बैठक में शामिल हुए आठ देशों के बीच अफगानिस्तान पर तालिबान के कब्जे के बाद की सुरक्षा जटिलताओं पर चर्चा हुई। बातचीत मुख्यत: चुनौतियों से निपटने के लिए व्यावहारिक चीजों पर सहयोग करने पर केंद्रित रही।

एन.एस.ए. अजीत डोभाल ने कहा, "मुझे विश्वास है कि हमारे बीच विचार-विमर्श अफगान लोगों की मदद करने और हमारी सामूहिक सुरक्षा को बढ़ाने में योगदान देगा। अफगानिस्तान में हाल के घटनाक्रम के न केवल उस देश के लोगों के लिए, बल्कि उसके पड़ोसियों और क्षेत्र के लिए भी महत्त्वपूर्ण निहितार्थ हैं।"

डोभाल ने बैठक की अध्यक्षता करते हुए अपने उद्घाटन भाषण में कहा

कि यह अफगान स्थिति पर क्षेत्रीय देशों के बीच करीबी विचार-विमर्श, अधिक सहयोग और समन्वय का समय है। हम सभी उस देश के घटनाक्रम पर करीबी नजर रख रहे हैं।

पाकिस्तान के बाद हालाँकि चीन ने भी अफगानिस्तान के मुद्दे को लेकर दिल्ली में 10 नवंबर को होनेवाली एन.एस.ए. की बैठक में शामिल होने से इनकार कर दिया। बैठक में शामिल नहीं होने का जवाब देते हुए चीन ने कहा कि वह 'शेड्यूलिंग मुद्दे' की वजह से हिस्सा लेने में असमर्थ है। वहीं, सूत्रों ने बताया कि चीन ने भारत को अवगत कराया कि वह अफगानिस्तान के मुद्दे पर भारत के साथ बहुपक्षीय एवं द्विपक्षीय रूप से बातचीत के लिए तैयार है।

□

भारत का महाशक्ति बनना तय : अजीत डोभाल

सरदार पटेल के महान् योगदान, उनके द्वारा देश को एक करने के विषय में बहुत कुछ कहा गया है, मगर इन सबसे कहीं ज्यादा वह एक महान् दूरदर्शी थे। वह एक ऐसे दूरदर्शी थे, जो अपने समय से बहुत आगे जाकर सोच सकते थे कि अगर उन्होंने वे कदम नहीं उठाते, जो उन्होंने आखिरकार उठाए तो क्या हानि हो सकती थी। शायद उनके जीवनकाल में इससे कोई फर्क नहीं पड़ता, अगर भारत की संप्रभुता उनके जीवनकाल में स्थापित नहीं होती; लेकिन उनके जीवनकाल के बाद ऐसा नहीं होता तो यह देश के लिए भयंकर विघटन का कारण बन जाता। उन्होंने इस देश को एकजुट किया। हम जब भविष्य की कल्पना करते हैं तो उसमें दो पहलू शामिल रहते हैं। भविष्य का सपना—उसमें वह होता है, जिसे आप अपने आनेवाले समय में देखते हैं, जो आपके व्यावहारिक अनुभव या अतीत के अनुभव पर आधारित होता है। आप सिर्फ अपनी पीढ़ी के बारे में नहीं, बल्कि आनेवाली पीढ़ियों के बारे में भी सोचते हैं और फिर आपकी उस दूरदृष्टि की एक दिशा भी होती है। शायद एक दिशा के बिना दूरदृष्टि का कोई अर्थ नहीं होता, इसलिए राष्ट्र निर्माण में दूरदर्शिता बेहद जरूरी होती है। यह वैसा ही होता है, जैसे किसी मिसाइल में या आज हम जिन उन्नत विमानों का इस्तेमाल करते हैं, उनमें रडार की भूमिका; और यह दूरदर्शी या दूरदर्शिता, जो उस व्यक्ति तक या पीढ़ी तक आकर नहीं रुकती, बल्कि यह एक सतत प्रक्रिया होती है। अगर किसी देश को महान् बनना है तो हर किसी में दूरदृष्टि होनी चाहिए और उससे ही एक देश की व्यापक दृष्टि बनती है।

पता नहीं आप में से कितने लोगों को यह याद होगा कि चीन '70 के

दशक के अंत समय में किस स्थिति में था। वह भारत से काफी पिछड़ा हुआ था। उसके पास शायद ही रक्षा उद्योग थे और तकनीकी क्षमता बहुत कम थी। 1962 में हमें झटका लगा था, मगर उससे वास्तविक स्थिति को नहीं जान सकते। भारत उससे बहुत आगे था, मगर एक व्यक्ति था—'डेंग जियाओपिंग', जिसने दूरदृष्टि दिखाई। वह दूरदृष्टि 2050 तक की थी और उस दूरदृष्टि में उन्होंने बताया कि चीन को किस प्रकार दुनिया की महाशक्ति के रूप में उभरना है। उसे क्या करना चाहिए कि 2010 तक चीन दुनिया की बड़ी आर्थिक शक्ति बन जाए। उसे क्या करना चाहिए कि वह पिछली सदी के अंत तक औद्योगिक शक्ति बन जाए। 2020 तक वह कैसे एक प्रमुख सैन्य शक्ति बन सकता है। कैसे उसे 2050 तक सारे बड़े सैन्य संघर्षों से बचना चाहिए, जब तक कि वह दुनिया का नेतृत्व न करने लगे। वही दूरदृष्टि थी, जिससे चीन परिवर्तित हुआ।

आज दुनिया भारत को लेकर उत्साहित है। आप नेताओं, शिक्षाविदों, रणनीतिक विचारकों, अंतरराष्ट्रीय संस्थानों, ग्लोबल मीडिया के बयान देख लीजिए। वे सभी भारत की संभावनाओं और उम्मीदों से भरे हैं।

आज दुनिया भारत को लेकर उत्साहित है। आप नेताओं, शिक्षाविदों, रणनीतिक विचारकों, अंतरराष्ट्रीय संस्थानों, ग्लोबल मीडिया के बयान देख लीजिए। वे सभी भारत की संभावनाओं और उम्मीदों से भरे हैं। भारत एक शानदार सफर की दहलीज पर खड़ा है। शायद यह उत्साह इस कारण नहीं है कि वे भारत के शुभचिंतक हैं, बल्कि भारत के उदय में पूरी दुनिया का हित निहित है। एक बहुलतावादी स्वच्छंद लोकतंत्र के रूप में भारत का उदय दुनिया के लिए कई मायने में विशेष महत्त्व रखता है। एक सवाल है, जो काफी महत्त्वपूर्ण है और चीन के उत्थान को लेकर अकसर पूछा जाता है। क्या चीन का उदय शांतिपूर्ण होगा? भारत को लेकर कोई भी यह सवाल नहीं पूछता। कभी-कभी एक सवाल पूछा जाता है कि क्या भारत इस अवसर का लाभ उठा पाएगा या इस अवसर को गँवा देगा, क्योंकि उन्हें लगता है कि भारत के लंबे सफर में इस तरह के बड़े मोड़ कई बार आए, पर यह चूक गया। इसमें कर गुजरने की क्षमता थी,

पर यह नहीं कर सका। अब क्यों वे सोच रहे हैं कि इस बार भारत कर लेगा? पूरी दुनिया में उल्लास का यह मिजाज, यह उत्साह इस बार क्यों है?

बेशक हमारी एक सबसे बड़ी ताकत हमारी स्थिर लोकतांत्रिक संवैधानिक राजनीति है। हमारा स्वच्छंद बहुलतावादी समाज कानून से चलता है। इसमें जो चीज जुड़ी है, वह है हमारी सबसे तेजी से तरक्की करती 'अर्थव्यवस्था'। हमारी जनसंख्या हमारे देश की ताकत है। भारत 2065 तक दुनिया का सबसे युवा देश बना रहेगा। इसलिए हमारे पास लंबा समय है, जब दुनिया की प्रमुख श्रमशक्ति और युवा-शक्ति इस देश से आएगी; लेकिन सबसे महत्त्वपूर्ण बात यह है कि भारतीय राजनीति प्रभावशाली नेतृत्व को देश के सामने लाने में सक्षम रही है। एक सरकार, जो पूर्ण बहुमत के साथ आई थी, वह प्रगति और विकास की दिशा को बदलने में सफल रही है। दुनिया के इस अनुमान पर अब कहीं कोई शक नहीं है कि 2030 तक भारत विश्व की तीसरी सबसे बड़ी अर्थव्यवस्था बन जाएगा। यह 11 ट्रिलियन से भी अधिक की अर्थव्यवस्था हो जाएगा। अमेरिका और चीन के बाद यह तीसरी महाशक्ति होगा। इसकी सैन्य शक्ति ऐसी होगी, जो शायद सबसे सक्षम होगी, जो न केवल इस क्षेत्र में, बल्कि इसके बाहर भी स्थिरता ला सकेगी। यह भी महसूस किया गया है कि इसकी तकनीकी शक्ति भी ऐसी होगी, जिसका योगदान तकनीक के प्रमुख क्षेत्रों में होगा, शायद अंतरिक्ष में, साइबर में, नैनो टेक्नोलॉजी या उससे भी उन्नत तकनीक में।

> ***बेशक हमारी एक सबसे बड़ी ताकत हमारी स्थिर लोकतांत्रिक संवैधानिक राजनीति है। हमारा स्वच्छंद बहुलतावादी समाज कानून से चलता है। इसमें जो चीज जुड़ी है, वह है हमारी सबसे तेजी से तरक्की करती 'अर्थव्यवस्था'। हमारी जनसंख्या हमारे देश की ताकत है।***

पर क्या भारत के लोग भी इसे लेकर उतने ही उत्साहित हैं? क्या आपको उनका मनोभाव ऐसा लगता है? मैं यह देखना चाहता था कि कितने लेख इस विषय पर लिखे गए हैं कि 2030 तक भारत कैसा होगा? मैंने पाया कि उनमें से अधिकांश का स्रोत बाहर के देश हैं। कुछ ने यहाँ से कॉपी की और वहाँ पेस्ट

कर बड़ा औसत दर्जे का काम किया; लेकिन मौलिक सोच भारत में कहीं नहीं दिखी। हमारे पास ऐसी मनोवृत्ति ही नहीं है कि हम लंबे दौर की रणनीतिक सोच रखें। शायद हममें आत्मविश्वास की कमी है। हमें लगता है कि सबकुछ काफी अनिश्चित है, कपोल-कल्पना है, ऐसा कुछ होनेवाला नहीं है। मैं सोच रहा था कि ऐसा क्यों है? भारतीयों की मनोवृत्ति ऐसी क्यों है? एक तर्क यह दिया गया कि यह बरसों की गुलामी, दासता, अधीनता से पैदा हुई जड़ता के कारण है। आप वर्तमान में जीते हैं, आज में जीते हैं, मेरी समस्या है कि मैं आज किसी तरह बचा रहूँ। मेरे लिए जो बहुत दूर है, वह बहुत डरावना है। बड़ी आशंका पैदा करता है। मुझे इतना विश्वास नहीं है कि मैं वह कर पाऊँगा या नहीं! मुझे आज की सोचने दो, कल की चिंता कल की जाएगी। यह है ऐतिहासिक कारण।

दूसरा तर्क यह दिया गया कि भारतीय काफी व्यक्तिवादी हैं। यह मनोवैज्ञानिक कारण है। मनोवैज्ञानिक रूप से आप अपने बारे में सोचते हैं, पर दूरदृष्टि ऐसी चीज है, जो सामूहिक होती है; कुछ ऐसा, जिसमें आप अपने आप से आगे जाकर सोचते हैं।

दूसरा तर्क यह दिया गया कि भारतीय काफी व्यक्तिवादी हैं। यह मनोवैज्ञानिक कारण है। मनोवैज्ञानिक रूप से आप अपने बारे में सोचते हैं, पर दूरदृष्टि ऐसी चीज है, जो सामूहिक होती है; कुछ ऐसा, जिसमें आप अपने आप से आगे जाकर सोचते हैं। आप अपने पड़ोसी के बारे में सोचते हैं, अपने आसपास, अपने समुदाय, अपने देश, समाज के बारे में सोचते हैं, परंतु यदि आप कहते हैं कि मुझे अपनी देखभाल के साधन और उसकी क्षमता ही बड़ी मुश्किल से मिली है तो बाकी की क्या सोचें! यदि आपकी ऐसी व्यक्तिवादी मनोवृत्ति है और अगर आपको मोक्ष चाहिए तो आप एकांतवास में, किसी कुटिया में हिमालय पर चले जाते हैं। आप चाहेंगे कि अपने लिए आप खुद ही ज्ञान की प्राप्ति कर लें। यह सामूहिक नहीं होता। आप सामूहिक प्रार्थना नहीं करना चाहेंगे या युद्ध लड़ने भी साथ मिलकर नहीं जाएँगे, जबकि सिख धर्म ने हमें यह सिखाया, जैसे कि गुरु गोविंद सिंह को एहसास हुआ कि जब आप साथ मिलकर लड़ना चाहते हैं तो

आपको साथ खाना होगा, साथ पूजा-पाठ करना होगा और साथ रहना होगा।

पर शायद एक और बात है, जो थोड़ा कष्टदायी भी है, जिसके बारे में मैं पढ़ रहा था। श्री आई.जी. पटेल ने कहा था कि भारतीय सपने नहीं देखते, इसके लिए राजनेता जिम्मेदार हैं। उन्होंने कहा कि वे इतने सारे सपने देखते हैं, लेकिन वे सपने कभी सच नहीं हुए, इसलिए उन सपनों से उनका विश्वास उठ गया है। वे अच्छे कल की बात करते हैं, ताकि आज उन्हें वोट मिल जाए, पर वह कल कभी नहीं आता। क्या यह सच है ? इसके बारे में काफी निष्पक्ष होकर बात करते हैं। हमें खुद को नीचा दिखाने की जरूरत नहीं है। क्या आप जानते हैं कि 1945 में भारत की आबादी 32 करोड़ थी ? हमारे पास पूरा पंजाब था, जो बाद में पश्चिमी पाकिस्तान बन गया और पूरा बांग्लादेश था, जो उस समय पूर्व बंगाल था और आबादी 32 करोड़ थी तथा ये दो क्षेत्र थे, जो भारत को अन्न की गारंटी दे रहे थे। एक गेहूँ उपजाता था तो दूसरा चावल और तब एक अकाल पड़ा; और क्या आप जानते हैं कि उस अकाल में कितने लोग मरे ? उस अकाल में 5 लाख लोगों की मौत हुई। पता नहीं कितने लोग इस बात को जानते हैं! किसी ने इसके बारे में बात तक नहीं की। 5 लाख लोग, जिन्हें न तो दफनाया जा सका, न जलाया जा सका। अंग्रेजों ने भारतीय सेना को कहा कि वे ट्रेंच (खाई) खोदें और शवों को उनमें डाल दें। शायद इतिहास के इस अध्याय को देशवासियों ने भुला दिया है। आज हम 130 करोड़ की आबादी वाले देश हैं, अब न तो वह पंजाब (जो अब पाकिस्तान में है) रहा, न वह बंगाल (बांग्लादेश) रहा। आज न केवल हर भारतीय के पास पर्याप्त भोजन है, बल्कि बचे हुए उत्पाद के निर्यात से बाजार में प्रचुरता की स्थिति हो जाती है। खेती की जमीन सिकुड़ गई है। क्या आपको लगता है कि भारतीयों ने कुछ

पर शायद एक और बात है, जो थोड़ा कष्टदायी भी है, जिसके बारे में मैं पढ़ रहा था। श्री आई.जी. पटेल ने कहा था कि भारतीय सपने नहीं देखते, इसके लिए राजनेता जिम्मेदार हैं। उन्होंने कहा कि वे इतने सारे सपने देखते हैं, लेकिन वे सपने कभी सच नहीं हुए, इसलिए उन सपनों से उनका विश्वास उठ गया है।

भी नहीं किया है ? क्या आपको नहीं लगता कि हमें इस पर गर्व करना चाहिए ? शायद पिछले 70 सालों में हमने कई तरह से तरक्की की है। इतना करने में कई देशों को सदियाँ लग जाती हैं। हम साइबर क्षेत्र में हैं, अंतरिक्ष क्षेत्र में हैं, तकनीक में हैं तथा हमारे पास सबसे अच्छे संस्थान और सबसे अच्छी मानवीय संसाधन की पूँजी है। इसलिए हमें खुद को कोसने की जरूरत नहीं; और सिर्फ इस कारण कि आपके कुछ सपने सच नहीं हुए, तो सपने देखना बंद मत कीजिए और सुरक्षा से जुड़े होने के कारण मैं इसे हद से ज्यादा जरूरी समझता हूँ, क्योंकि जब आपके सपने सच होने लगते हैं या आप सपने देखना बंद कर देते हैं तो आपका इरादा कमजोर हो जाता है और जब देश का इरादा कमजोर पड़ जाता है तो वह कभी महाशक्ति नहीं बन सकता। जिस सेना का इरादा तहस-नहस हो जाता है, वह कभी लड़ नहीं सकती। युद्ध लोगों को मारने के लिए नहीं लड़े जाते। लोग हत्यारे नहीं हैं। युद्ध उस देश के इरादे को खत्म करने के लिए लड़े जाते हैं, जिसके खिलाफ हमारी जंग है। इसलिए यह शांति की उन शर्तों को स्वीकार करता है, जो हम चाहते हैं। युद्ध उस देश के मनोबल को कमजोर करने के लिए लड़ा जाता है और अगर हम खुद अपनी नकारात्मकता एवं उदासीनता से देश के इरादे को तोड़ देंगे तो शायद हमारा भविष्य अच्छा नहीं होगा और यही कष्टदायी चीज है, जिसका एहसास खुद देशवासी नहीं करते। भारत के बारे में दुनिया जो कह रही है, उससे हमें गर्व होना चाहिए, लेकिन हम लोग अपनी ताकत को नहीं पहचान रहे हैं। हम तब तक महान् नहीं बन सकते, जब तक कि हमारा समाज और हमारे लोग न सोचें कि यह हमारे भीतर है, हम इसे करने या हासिल करने में सक्षम हैं।

युद्ध लोगों को मारने के लिए नहीं लड़े जाते। लोग हत्यारे नहीं हैं। युद्ध उस देश के इरादे को खत्म करने के लिए लड़े जाते हैं, जिसके खिलाफ हमारी जंग है। इसलिए यह शांति की उन शर्तों को स्वीकार करता है, जो हम चाहते हैं।

अब मैं अपने विषय पर लौटता हूँ कि खतरे कहाँ हैं? कौन-कौन से गुप्त खतरे हैं, जिनसे हमें बचना है ? पहली बात, ऐसी किसी भी चीज से बचें,

विरोध करें और लड़ें, जो देश के इरादे को कमजोर करता है। देश की दृढ़ इच्छाशक्ति का निर्माण कीजिए, देश का निर्माण खुद-ब-खुद हो जाएगा। ऐसी कई ताकतें हैं, बाहरी से कहीं ज्यादा आंतरिक, जो देश के इरादे को कमजोर करने पर तुली हैं। हम काफी सौभाग्यशाली हैं कि पिछले चार वर्षों में देश की राष्ट्रीय इच्छाशक्ति जागृत हुई है। इसे ताकतवर बनाया गया है। आज लोग खुश हैं कि दुनिया में कहीं भी जाते हैं तो सिर उठाकर चल सकते हैं। वे ऐसे कई नए प्रयासों को लेकर गर्व का अनुभव कहते हैं, जो किए गए हैं; और मैं कहता हूँ कि वे सफल हैं। ये सारे प्रयोग, सुधार और तमाम चीजें ऊर्जा पैदा करनेवाली है। वे गरमी पैदा करती हैं, इसलिए उनसे तकलीफ होती है। कोई भी देश थोड़ी तकलीफ सहे बिना बड़ा और महान् नहीं बन सकता। आनेवाली पीढ़ियों के लिए हमें भी त्याग करना होगा। यह मत भूलिए कि हमारी पिछली पीढ़ियाँ, जो आजादी के सुखद परिणामों को देखने के लिए जीवित नहीं रही, उन्होंने कई कुर्बानियाँ दी थीं। अगर कुछ तकलीफ उठानी पड़ती है तो क्या हम भी ऐसा नहीं कर सकते? यही वे तकलीफें हैं, जो सुनिश्चित करेंगी कि आपके बच्चे और उनके बच्चे एक ऐसे देश में जी सकेंगे, जहाँ दुनिया में भारत का सम्मान पहले से कहीं ज्यादा होगा; जहाँ भारत के पास ज्यादा शक्ति होगी। भारत की तकदीर बहुत अच्छी है।

आज लोग खुश हैं कि दुनिया में कहीं भी जाते हैं तो सिर उठाकर चल सकते हैं। वे ऐसे कई नए प्रयासों को लेकर गर्व का अनुभव कहते हैं, जो किए गए हैं; और मैं कहता हूँ कि वे सफल हैं।

अगर कोई मुझसे पूछे कि पिछले कुछ वर्षों में भारत का सबसे बड़ा योगदान क्या है या भारत की सबसे बड़ी उपलब्धि क्या है, तो मैं कहूँगा कि भारत ने अपनी ताकत का एहसास करना शुरू कर दिया है। इसने अपनी राष्ट्रीय इच्छाशक्ति का निर्माण करना शुरू कर दिया है और यह राष्ट्रीय इच्छाशक्ति तब दिखती है, जब हम देश के भीतर और बाहर मजबूत रुख अपनाते हैं। जब हम अपनी स्वतंत्र विदेश नीति को अपने देश के सर्वोत्तम हित में अपनाते हैं। यहाँ तक कि जब बात प्रमुख शक्तियों से संबंधों की आती है, तब भी हम भारतीय

हितों की रक्षा पूरे विश्वास से करने के लिए तैयार हैं, लेकिन इसके लिए राष्ट्रीय इच्छाशक्ति और लोगों में इच्छाशक्ति होनी चाहिए। इसलिए मैं समझता हूँ कि हमें जिस प्राथमिक खतरे से बचना है, वह यह है कि हमें इस राष्ट्रीय इच्छाशक्ति को कमजोर पड़ने नहीं देना है, मगर कुछ और कारण भी हैं, जिनकी वजह से मैंने इस पर बात करने का फैसला किया।

बचपन से ही हमें यह सिखाया जाता है—अच्छा करो। ये करने से ये होता है, ये खाने से सेहत अच्छी होती है। ऐसी कई चीजें हैं, जो बताती हैं कि आपको क्या करना चाहिए! इसलिए बहुत सारे लोग कहते हैं कि गरीबी मिटनी चाहिए, शहरी विकास, बेहतर भोजन, बेहतर स्वास्थ्य, बेहतर सड़कें होनी चाहिए और ये सभी बेहद महत्त्वपूर्ण हैं। चूँकि इस पर बहुत कुछ कहा जा चुका है, इसलिए मैं इस विषय पर बात नहीं करूँगा। बहुत सी बातें पहले से भी उपलब्ध हैं, फिर दूसरी चीज है—जीवन में नकारात्मक चीजों की कीमत, कम-से-कम सुरक्षा के लिहाज से, सकारात्मक बातों के लाभों से कहीं ज्यादा चुकानी पड़ती है। अगर मैं जीवन में सौ अच्छी चीजें करता हूँ, लेकिन यदि मैं एक लड़ाई हार गया तो शायद उसका नुकसान मेरी ओर से लड़ी गई सारी सामरिक लड़ाइयों में मिली जीत पर भारी पड़ेगा। एक ब्रांड को बनाने में आप अपना पूरा जीवन लगा देते हैं और एक गलती हुई नहीं कि वह सबकुछ बरबाद कर देता है। अतः नकारात्मक चीजें अहम होती हैं, इसलिए इसे कम मत आँकिए।

बचपन से ही हमें यह सिखाया जाता है—अच्छा करो। ये करने से ये होता है, ये खाने से सेहत अच्छी होती है। ऐसी कई चीजें हैं, जो बताती हैं कि आपको क्या करना चाहिए! इसलिए बहुत सारे लोग कहते हैं कि गरीबी मिटनी चाहिए, शहरी विकास, बेहतर भोजन, बेहतर स्वास्थ्य, बेहतर सड़कें होनी चाहिए और ये सभी बेहद महत्त्वपूर्ण हैं।

अकसर कई देश इस कारण नाकाम नहीं हुए कि वे सही चीजें नहीं कर सके, बल्कि उन्होंने कुछ ऐसा किया, जो गलत था। बेशक एक निजी कारण भी है। क्या आप जानते हैं कि आपके जीवन में आपकी पत्नी का सबसे बड़ा

योगदान क्या है? वह आपको गलतियाँ करने से रोकती है। वह आपको बताती है कि क्या नहीं करना है। शायद आप दुस्साहसी होंगे या ज्यादा जोखिम उठाना चाहते होंगे, दूसरों से ज्यादा खतरा मोल लेना चाहते होंगे। पर वह ब्रेक का काम करती है। ऐसा नहीं है कि वह गाड़ी को पूरी तरह से रोक देती है, लेकिन वह इसे धीमा करती है और खतरे के निशान से नीचे रखती है। इसलिए जरा सोचकर देखिए कि अगर हिटलर रूस पर आक्रमण नहीं किया होता तो वह द्वितीय विश्व युद्ध जीत गया होता। उसने एक गलती की, मेरा मतलब है कि उसने जो किया, उसके कारण पूरे यूरोप को रौंद दिया। उसने बस एक गलती की। अगर मुसोलिनी ने ग्रीस पर आक्रमण नहीं किया होता, अगर जापान ने पर्ल हार्बर पर बमबारी नहीं की होती, अगर सोवियत अफगानिस्तान में दाखिल नहीं हुए होते, अगर नेहरू ने कश्मीर पर सरदार पटेल की सलाह को नजरअंदाज नहीं किए होते और अगर 1970 के चुनावों के बाद पाकिस्तान में 1970 की नेशनल असेंबसी इलेक्शन के बाद आवामी लीग, जिसके पास पूर्ण बहुमत था, उन्होंने मुजीबुर रहमान को प्रधानमंत्री बनने दिया होता तो बांग्लादेश बनता ही नहीं, बस एक गलती। इसलिए गलतियों से बचिए।

मगर ये गलतियाँ आम भी हैं और कुछ खास भी, संदर्भ से जुड़ी हुईं। आज मैं भारत के संदर्भ में बात कर रहा हूँ। भारत के संदर्भ में इसकी अपनी कमजोरियों, ताकतों, इसके अपने खतरों और अवसरों का आकलन करना है।

मगर ये गलतियाँ आम भी हैं और कुछ खास भी, संदर्भ से जुड़ी हुईं। आज मैं भारत के संदर्भ में बात कर रहा हूँ। भारत के संदर्भ में इसकी अपनी कमजोरियों, ताकतों, इसके अपने खतरों और अवसरों का आकलन करना है। इस संदर्भ में हम कहाँ गलत हो सकते हैं? ऐसा नहीं कि आनेवाले पूरे समय के लिए यह सही या गलत होगा। मैं इसे अगले दस वर्षों के लिए देखता हूँ। अगले 10 वर्षों तक इन गलतियों से बचिए। ऐसा नहीं कि इसके बाद गलतियों को लेकर सावधान रहने की जरूरत नहीं है। गलतियाँ हो सकती हैं, पर वे संदर्भ नए होंगे। एक नया भारत होगा। उस समय के लोगों, विचारकों, विश्लेषकों, रणनीतिकारों को अपने समय के बारे में फिर से सोचना

होगा। यह सोचना होगा कि नए संदर्भ में हमें किन चीजों से बचना है और क्या करना है।

मैं आपको एक छोटे से सिद्धांत के बारे में बताता हूँ। यह मूल रूप से सुरक्षा का सिद्धांत है, लेकिन यह एक सामान्य सिद्धांत भी है। आपकी सबसे बड़ी ताकत आपकी असुरक्षा होती है। डूबने से मौत की न्यूनतम संख्या राजस्थान में है, पर ऐसा नहीं है कि राजस्थान के लोग शानदार तैराक हैं, बल्कि वे इसका प्रयास नहीं करते हैं तथा सबसे अधिक संख्या केरल में है या तटीय इलाकों में है, जहाँ लोग जन्मजात तैराक होते हैं। तीन या चार साल की उम्र से ही वे समंदर में तैरना शुरू कर देते हैं।

मैं आपको एक छोटे से सिद्धांत के बारे में बताता हूँ। यह मूल रूप से सुरक्षा का सिद्धांत है, लेकिन यह एक सामान्य सिद्धांत भी है। आपकी सबसे बड़ी ताकत आपकी असुरक्षा होती है।

अगर आप एक अरबपति हैं तो आपके साथ अरबों गँवा देने का जोखिम रहता है, जो मेरे साथ नहीं होता। इसलिए वह आपकी बड़ी ताकत है और आपके लिए बड़ा खतरा भी, जब तक कि आप उसके प्रति बेहद सावधान नहीं हैं। लोग आपसे वही छीन सकते हैं, जो आपके पास है।

हमारी सबसे बड़ी ताकत हमारा लोकतंत्र है, हमारी राजनीति है, जो संविधान पर आधारित है। हमारा बहुलतावादी समाज, हमारी महान् सभ्यता की विरासत और जैसा कि रॉबिन्सन ने, जिन्होंने इस बार काफी शोध किया और इस पुस्तक को लिखा—'व्हाई नेशन फेल', जिसमें उन्होंने लिखा है और मैं उसे उद्धृत कर रहा हूँ—'दोज हू फेल्ड टू एंश्योर इन्क्लूसिव पॉलिटिकल, इकोनॉमिक, सोशल डेवलपमेंट टेंड टू फेल' (जो समावेशी राजनीतिक, आर्थिक, सामाजिक विकास को सुनिश्चित नहीं कर सके, वे अकसर विफल साबित हुए)। इसलिए यह काफी महत्त्वपूर्ण है कि हमारा लोकतंत्र सुरक्षित रहे। इसमें कई अच्छाइयाँ हैं। हमारा संविधान, हमारे संस्थान, हमारे कानून, ये सब अच्छे हैं; लेकिन क्या यह लोकतंत्र एक कमजोर लोकतंत्र हो सकता है? क्या यह लोकतंत्र हमें 2030 की, हम जो कल्पना कर रहे हैं, वहाँ तक ले जा सकता है। हाँ, ले जा सकता है,

अगर हम कुछ चीजों से बच जाएँ और आज मैं वही आपको बताने जा रहा हूँ। चूँकि यह हमारी सबसे बड़ी ताकत है, इसलिए इसमें कुछ अंतर्निहित खतरे भी हैं। पहला यह कि यह एक सॉफ्ट पावर बन सकती है। लोकतंत्र की कमजोरी किसी देश को सॉफ्ट पावर बना सकती है, और भारत अगले 10 वर्षों तक सॉफ्ट पावर बनने का खतरा मोल नहीं ले सकता। इसे सॉफ्ट पावर वाली सारी खूबियों के साथ सॉफ्ट पावर बनना है, लेकिन इसे हार्ड पावर भी बनना होगा, क्योंकि इसे कठोर फैसले लेने के लिए मजबूर होना पड़ेगा। जब आप समझौते करते हैं तो सॉफ्ट पावर बन जाते हैं और आप समझौते तब करते हैं, जब आपके राजनीतिक हित देशहित से बड़े हो जाते हैं। इसलिए यदि भारत चाहता है कि वह ऐसा लोकतंत्र न बने, जो उसे सॉफ्ट पावर बना दे तो भारत में ऐसी सरकारें होनी चाहिए, जो स्थिर हो, निर्णायक हो और जो पूर्ण बहुमत से सत्ता में आएँ, अर्थात् उन्हें पूरा जानदेश मिले। अल्पमत की सरकार भारत के सपनों को साकार करने में देरी कर सकती है या उसे असंभव बना सकती है, क्योंकि कमजोर सरकारें कड़े फैसले नहीं ले पाती हैं; और भारत को आगे ले जाने के लिए कड़े फैसले लेना अनिवार्य होगा। ऐसे कड़े फैसले, जो जनता के हित हों; लेकिन हमारे फैसले लोकलुभावन नहीं होने चाहिए।

दूसरी समस्या है अस्थिर सरकारों की, जिन पर गिरने का खतरा मँडराता रहता है। भ्रष्टाचार बढ़ जाता है और स्थानीय व क्षेत्रीय राजनीति व्यापक हितों पर भारी पड़ जाती है और यही खतरा है। आप उदाहरण सुनना चाहते हैं। एक समय ब्राजील बहुत अच्छा विकास कर रहा था।

दूसरी समस्या है अस्थिर सरकारों की, जिन पर गिरने का खतरा मँडराता रहता है। भ्रष्टाचार बढ़ जाता है और स्थानीय व क्षेत्रीय राजनीति व्यापक हितों पर भारी पड़ जाती है और यही खतरा है। आप उदाहरण सुनना चाहते हैं। एक समय ब्राजील बहुत अच्छा विकास कर रहा था। यह विकास की ऊँचाई की ओर बढ़ रहा था। आप जानते हैं कि जब ब्रिक्स का गठन हुआ था, तब ब्राजील उभरता देश था, पर अब क्या हुआ? लुलू की सरकार में यह काफी अच्छी प्रगति कर रहा था, फिर अचानक राजनीति बिखरने लगी और वह कमजोर हो

गई और आज ब्राजील न केवल ठहर गया है, बल्कि नीचे की ओर जा रहा है। दक्षिण अफ्रीका अच्छा विकास कर रहा था, पर आज हम देखते हैं कि दक्षिण अफ्रीका की हालत क्या हो गई है। ग्रीस संयुक्त राष्ट्र के संस्थापक देशों में से एक था। किसी समय वह एक विकसित देश था। ग्रीस को क्या हुआ? बिखराव वाली राजनीति, गठबंधन, अस्थिर गठबंधन तथा सरकारों का गिरना। यूरोप में इटली का विकास भी एक उदाहरण है। आप देखिए कि लोकतांत्रिक देश, जहाँ दुनिया में शक्तिशाली और कारगर है तथा लोकतंत्र से देश का बहुलतावादी एवं समग्र विकास भी हो सकता है, बशर्ते वे गलतियाँ न करें और लोग सतर्क रहें तो वे कमजोर नहीं होंगे।

अतः भारत अस्थिर गठबंधनों का जोखिम मोल नहीं ले सकता। वर्ष 2030 के बाद का परिदृश्य क्या होगा, मैं नहीं जानता; लेकिन उससे पहले हम निर्णय लेनेवाली सरकार चाहते हैं, निर्णय लेनेवाला नेतृत्व चाहते हैं।

अतः भारत अस्थिर गठबंधनों का जोखिम मोल नहीं ले सकता। वर्ष 2030 के बाद का परिदृश्य क्या होगा, मैं नहीं जानता; लेकिन उससे पहले हम निर्णय लेनेवाली सरकार चाहते हैं, निर्णय लेनेवाला नेतृत्व चाहते हैं।

दूसरी बात, मैं कहना चाहता हूँ कि लोकतंत्र को बैलट बॉक्स समझने की भूल न करें। बैलट बॉक्स यह तय करने का एक जरिया है कि आपके लिए कानून कौन बनाएगा और इस देश के कानून क्या होंगे? यह अपने आप में लोकतंत्र नहीं है। लोकतंत्र यह है कि लोगों के प्रतिनिधियों द्वारा बनाए गए कानूनों का पालन सभी लोग करेंगे और उसे पूरी ताकत से लागू किया जाएगा। अगर सरकार सक्षम नहीं है या उन कानूनों को पूरी ताकत से लागू करने से इनकार करती है तो लोकतंत्र का कोई अर्थ नहीं है। ऐसे कानूनों का क्या लाभ, जिन्हें आप लागू न कर सकें। हुआ यह है कि हम सोचते हैं कि लोकतंत्र तब तक बरकरार है, जब तक कि कार्यपालिका में या कानून बनाने के लिए हमारे पास लोगों के प्रतिनिधि हैं। हम लोगों के प्रतिनिधियों द्वारा शासित नहीं हैं, बल्कि हम कानूनों से शासित हैं, जिन्हें जनप्रतिनिधि बनाते हैं। इसलिए कानून का शासन होना बेहद महत्त्वपूर्ण है। कानून के शासन में किसी

भी कमजोरी से हमें बचना चाहिए। कभी-कभी मैं ऐसी प्रवृत्तियाँ देखता हूँ कि हम या तो पूरी तरह समझते नहीं या यह अंदाजा नहीं लगा पाते कि राजनीतिक सुविधा या भ्रष्टाचार भी कानून के शासन को कमजोर करता है। अगर एक सशक्त भारत का उदय चाहिए तो कानून के शासन को कमजोर करने के सारे प्रलोभनों से बचना चाहिए।

लेकिन लोकतांत्रिक देशों के सामने एक और खतरा है कि भ्रामक आख्यान किसी देश को अस्थिर करते हैं और लोकतंत्र को कमजोर करते हैं। लोकतंत्र में जनता के पास चयन का अधिकार होता है। वे चयन कैसे करते हैं? उनके पास जो जानकारी आती है, जो आँकड़े आते हैं, वे उनके आधार पर चुनाव करते हैं। अगर मैं चुनाव करता हूँ कि खाने की चार चीजें हैं और उनमें से मेरी सेहत के लिए क्या अच्छी है तो उसका आधार होगा—चारों व्यंजनों के बारे में मुझे दी गई जानकारी, और अगर उन चार में से एक जहर निकला तो क्या होगा? मेरे पास जानकारी है कि यह अमृत है, जो मुझे अमर बना देगा तो उसे खाने पर शायद ही मेरी मौत हो जाएगी। लोकतंत्र के लिए जरूरी है कि जनता ज्ञानी, शिक्षित और जानकार हों। उन्हें सही जानकारी दी जाए तथा सही शिक्षा मिले। क्या होगा, अगर जो आपको प्रेरित कर रहा है तथा आपके निर्णय को प्रभावित कर रहा है, वही गलत है और गलत वर्णन की आशंका हमेशा बनी रहती है, जो लोकतंत्र को पटरी से उतारना चाहती है? तकनीक के कारण आज इसका विस्तार कई गुना बढ़ चुका है और यह हर एक की जिम्मेदारी है—हर नागरिक की, हर मीडिया की, हर बुद्धिजीवी की, हर संस्थान की और जिस गोष्ठी में आप जाते हैं उसकी कि वह इस गलत प्रचार की ताकत को कमजोर करे। भ्रामक बातें फैलाई जाती हैं। मुझे बताया गया है कि

लेकिन लोकतांत्रिक देशों के सामने एक और खतरा है कि भ्रामक आख्यान किसी देश को अस्थिर करते हैं और लोकतंत्र को कमजोर करते हैं। लोकतंत्र में जनता के पास चयन का अधिकार होता है। वे चयन कैसे करते हैं? उनके पास जो जानकारी आती है, जो आँकड़े आते हैं, वे उनके आधार पर चुनाव करते हैं।

ऐसी एजेंसियाँ हैं, जिन्हें बस इसी काम में महारत हासिल है। मुझे बताया गया है कि इंटेलिजेंस एजेंसियों के पास अलग-अलग विभाग हैं, जो अपने दुश्मन देशों के खिलाफ भ्रामक बातें गढ़ने में जुटी रहती हैं और लोग उसके जाल में फँस जाते हैं। मैं जब हार्ड पावर की बात करूँगा तो आगे कुछ देर में इस पर चर्चा करूँगा, जब मैं मनोवैज्ञानिक युद्ध की बात करूँगा। क्या आप जानते हैं कि अंग्रेजों ने दूसरे विश्व युद्ध के दौरान जर्मनी के खिलाफ कितना प्रयास किया था कि वे जर्मन लोगों को बताएँ कि वे कितने खतरे में हैं और उनकी हार होनेवाली है? उन दिनों भी उन्होंने करोड़ों पाउंड खर्च किए थे गलत सूचना फैलाने में और हिटलर के खिलाफ माहौल बनाने में। मैं यह नहीं कह रहा कि उन्होंने जो किया, वह गलत था, लेकिन सच्चाई यही है कि यह लोगों की सोच को प्रभावित कर सकता है।

महाभारत में एक बेहद रोचक कहानी है। हुआ यह कि जब महाभारत का युद्ध होनेवाला था और कर्ण को कौरवों की सेना का प्रधान सेनापति नियुक्त किया गया तो उसे एक सारथी की जरूरत थी। दुर्योधन ने कहा कि मैं तुम्हें कृष्ण से अच्छा सारथी नहीं दे सकता। वह स्वयं भगवान् हैं।

महाभारत में एक बेहद रोचक कहानी है। हुआ यह कि जब महाभारत का युद्ध होनेवाला था और कर्ण को कौरवों की सेना का प्रधान सेनापति नियुक्त किया गया तो उसे एक सारथी की जरूरत थी। दुर्योधन ने कहा कि मैं तुम्हें कृष्ण से अच्छा सारथी नहीं दे सकता। वह स्वयं भगवान् हैं। उसने कहा कि अगर मुझे अर्जुन से युद्ध लड़ना है तो मुझे उसकी क्षमता से मुकाबला करनेवाला सारथी चाहिए, लेकिन यह संभव नहीं है। तुम किसी और का नाम लो। तो जो दूसरा सबसे अच्छा व्यक्ति उपलब्ध था, वह माद्रा के राजा शल्य थे। असल में वह भगवान् कृष्ण के भक्त थे, लेकिन दुर्योधन के मनाने पर वह मान गए, मगर उनकी एक शर्त थी। उन्होंने कहा कि एक बार मैं तुम्हारे रथ पर सवार हुआ तो मुझे तुमसे जब चाहूँ ऐसी कोई भी बात करने की इजाजत होगी। तो उसने कहा कि ठीक है। कर्ण को यह बात अच्छी नहीं लगी, क्योंकि वह अपना ध्यान युद्ध पर लगाना चाहते थे,

फिर भी उन्होंने कहा दिया कि ठीक है। जब युद्ध शुरू हुआ, तब इस सारथी ने कहना शुरू कर दिया कि कर्ण, तुम्हारी मौत निश्चित है। तुम कभी जीत नहीं सकते। वह बहुत ताकतवर है। यहाँ तक कि भगवान् भी उनकी तरफ है; लेकिन वह कर्ण के आदेश के अनुसार रथ को पूरी सूझ-बूझ से चलाता रहा। उसने सबकुछ किया, लेकिन लगातार कुछ-न-कुछ कहकर उसका मनोबल तोड़ने का प्रयास करता रहा। कर्ण इससे इतना परेशान हो गया कि जब रथ आखिर में आमने-सामने आ गया तो उसने कहा कि तुम मेरे रथ से चले जाओ। शल्य ने कहा कि मैं रहूँ या जाऊँ तुम्हारी मौत निश्चित है। इसके बाद जो हुआ, वह युद्ध का अंतिम अध्याय था।

अतः भ्रामक बातें ऐसी होती हैं, जो किसी देश के भाग्य पर बहुत भारी पड़ सकती है। हमें फिजूल की बातें करने की आदत है। गैर-जिम्मेदारी भरी बातें करने की आदत है। हमें लगता है कि इससे फर्क नहीं पड़ता। यह आपका तुच्छ विचार है। हम दूसरों की प्रतिष्ठा और सम्मान को लेकर जो भी समझते हैं, उसे लिख देते हैं, परंतु यदि किसी चीज पर मेरा भरोसा है तो ऐसा माहौल तैयार किया जाएगा कि वह भरोसा हिल जाए। आप नहीं जानते कि राष्ट्र निर्माण कैसे किया जाता है। इसके लिए हमें अपने संविधान, अपने कानून, न्याय प्रणाली और बाकी सब पर अटूट भरोसा होना चाहिए और इसे बार-बार मजबूत करें। मैं यह नहीं कह रहा कि वे हमेशा सही होते हैं। उन गलतियों को छोड़ दें, लेकिन उनके बारे में सकारात्मक रहें। नकारात्मकता और गलत व्याख्या की वजह से सांप्रदायिक दंगे होते हैं, जातीय दंगे होते हैं या सामाजिक शत्रुता पैदा की जाती है। किसी

अतः भ्रामक बातें ऐसी होती हैं, जो किसी देश के भाग्य पर बहुत भारी पड़ सकती है। हमें फिजूल की बातें करने की आदत है। गैर-जिम्मेदारी भरी बातें करने की आदत है। हमें लगता है कि इससे फर्क नहीं पड़ता। यह आपका तुच्छ विचार है। हम दूसरों की प्रतिष्ठा और सम्मान को लेकर जो भी समझते हैं, उसे लिख देते हैं, परंतु यदि किसी चीज पर मेरा भरोसा है तो ऐसा माहौल तैयार किया जाएगा कि वह भरोसा हिल जाए।

देश पर अनेक खतरे हो सकते हैं, जहाँ की जनता गलत आँकड़ों के आधार पर काम करते हैं।

मैं समझता हूँ कि हमारी ताकत का दूसरा क्षेत्र हमारी अर्थव्यवस्था है और मुझे लगता है कि भारतीय अर्थव्यवस्था आज हमारे लिए ताकत का एक सबसे बड़ा स्रोत है। दुनिया हमें विश्व की सबसे तेजी से विकसित होती अर्थव्यवस्था के रूप में मानती है और जैसा कि मैंने कहा कि वर्ष 2030 तक हम तीसरे स्थान पर होंगे, मगर मेरा यकीन कीजिए, वरना यह गलत हो सकता है। यह गड़बड़ हो सकता है। यदि आप चाहते हैं कि यह गड़बड़ न हो तो हमें कुछ चीजों से बचना चाहिए। लोकलुभावन कदमों को राष्ट्रीय आवश्कताओं से अधिक महत्त्व नहीं दिया जाना चाहिए। यह एक लालच होता है। आप उन चीजों को लेने या करने से इनकार कर देते हैं, जो देशहित में हैं। थोड़े समय के लिए उनसे कुछ लोगों को कुछ समय तक तकलीफ होगी। लोगों को दिक्कतें होंगी। लोगों के बीच मशहूर होने के लिए आप कई चीजें कर सकते हैं, मगर जब आपको ठोस फैसले लेने होते हैं, देश हित में कठोर फैसले करने होते हैं, भले ही वे बहुत लोकलुभावन न हों, तब भी अगर आप ऐसा नहीं करते तो शायद देश अपने लक्ष्य को हासिल नहीं कर पाएगा। यह अपने सपने को साकार नहीं कर पाएगा, अगर पूरे देश में आपके पास एक कर प्रणाली, एक प्रकार का कानून, एक तरह की शासन-प्रणाली नहीं है तो साफतौर पर अर्थव्यवस्था ठीक नहीं चल पाएगी। इससे सिर्फ छोटी अर्थव्यवस्था चल सकती है, परंतु जब बड़ी अर्थव्यवस्था है, भारी-भरकम अर्थव्यवस्था है, जब आप 10-11 ट्रिलियन की अर्थव्यवस्था की बात करते हैं तो आपकी कर प्रणाली इतनी बिखरी हुई नहीं होनी चाहिए।

मैं समझता हूँ कि हमारी ताकत का दूसरा क्षेत्र हमारी अर्थव्यवस्था है और मुझे लगता है कि भारतीय अर्थव्यवस्था आज हमारे लिए ताकत का एक सबसे बड़ा स्त्रोत है। दुनिया हमें विश्व की सबसे तेजी से विकसित होती अर्थव्यवस्था के रूप में मानती है और जैसा कि मैंने कहा कि वर्ष 2030 तक हम तीसरे स्थान पर होंगे, मगर मेरा यकीन कीजिए, वरना यह गलत हो सकता है।

अगर 20 मिलियन की अर्थव्यवस्था है तो आपकी कर संरचना और कर की दर अलग-अलग होगी, पर टैक्स को लेकर कदम उठाए जाएँगे तो कुछ तकलीफ हो सकती है। आपके पास विकल्प है कि आप लोकलुभावन फैसले करें या ऐसा कदम उठाएँ, जो देशहित में हो। इसलिए हमें लोकलुभावन फैसलों को देशहित के फैसलों की तुलना में गौण रखना होगा। इसी के तहत आता है अर्थव्यवस्था का राजकोषीय प्रबंधन। कभी-कभी राजकोषीय प्रबंधन या बजट तैयार करने के लिए कुछ कड़े कदम उठाने पड़ते हैं। आज हम दुनिया भर में कच्चे तेल की महँगाई की बेहद मुश्किल स्थिति का सामना कर रहे हैं। यह हमारे लिए संकट की घड़ी है और कई तेल उत्पादन न करनेवाले देशों के लिए भी संकट की घड़ी है। मगर एक देश के रूप में हमें यह देखना है कि क्या जो अंतरराष्ट्रीय कीमतें हैं, हम उनसे खुद को पूरी तरह अलग कर सकते हैं? और यह कहकर इसे लोकलुभावन बना दें कि ठीक है, हम बाकी सबकुछ छोड़कर इस पर सब्सिडी दे देते हैं या हम कहेंगे कि ठीक है, देश इसका बोझ उठाएगा और हम इसे आपस में बाँट लेंगे। यह दौर आया है, जो चला जाएगा। यह हमारे वश की बात नहीं है कि इसकी कीमतों को कम कर दें। हो सकता है कि अगले छह महीनों या आठ महीनों में कुछ कमी आए, मगर उम्मीद है कि कीमतें स्थिर हो जाएँगी। अगर हम रास्ते और मुद्दों से नहीं भटके तो हमारी तरक्की की गति पर कोई असर नहीं पड़ेगा, लेकिन इसे थोड़े समय के लाभ के लिए लोकलुभावन फैसले में बदल देंगे तो शायद हम तरक्की के उस रास्ते से भटक जाएँगे। इसलिए हमें उस दिशा में उसी के अनुसार बढ़ना होगा।

अगर 20 मिलियन की अर्थव्यवस्था है तो आपकी कर संरचना और कर की दर अलग-अलग होगी, पर टैक्स को लेकर कदम उठाए जाएँगे तो कुछ तकलीफ हो सकती है। आपके पास विकल्प है कि आप लोकलुभावन फैसले करें या ऐसा कदम उठाएँ, जो देशहित में हो।

एक और बात है, जिसे मैं समझता हूँ कि सुनना सभी को अच्छा नहीं लगेगा कि हर भारतीय देशभक्त है। सिर्फ वे लोग देशभक्त होने का एकाधिकार

नहीं रखते, जो सरकार में हैं। मैंने देखा है कि हर क्षेत्र के लोग और मीडिया के मेरे अधिकांश साथी देशभक्त हैं। सारे निजी क्षेत्र गद्दार नहीं हैं। यह देश तब तक आर्थिक रूप से खुशहाल नहीं हो सकता, जब तक कि हमारा निजी क्षेत्र ताकतवर नहीं होता। राष्ट्रपति ओबामा आते हैं और संसद् को संबोधित करते हुए कहते हैं कि मैं अपने निजी क्षेत्रों के लिए 10 अरब डॉलर का आदेश जारी कर रहा हूँ। हमें अपने निजी क्षेत्रों को इस तरह से दूसरे देशों में जाकर बढ़ावा देने में डर लगेगा। हमें ऐसा करना चाहिए और भारतीय कॉरपोरेट्स अगर पूरी दुनिया में फैल जाएँ तो शायद वह हमारे लिये लाभकारी होगा। आप देखिए कि चीन इसे किस तरह से बढ़ावा दे रहा है, साथ ही दुनिया के कई देश बढ़ावा दे रहे हैं। हमारी एक मनोवृत्ति बन गई थी कि अगर हम ऐसा कर रहे हैं तो शायद इसमें भ्रष्टाचार शामिल है। नहीं, इसमें कोई भ्रष्टाचार नहीं है। भारत सरकार को बहुत कुछ करना है, लेकिन भारत सरकार कारोबारी प्रतिष्ठान नहीं है। यह कॉरपोरेट हाउस नहीं हो सकता या उनका स्थान नहीं ले सकता और हमारे यहाँ बड़े कॉरपोरेट हाउस तब तक नहीं हो सकते, जब तक कि पूँजी निर्माण नहीं होता और पूँजी निर्माण तब तक नहीं हो सकता, जब तक कि मुनाफे का सृजन नहीं होता। अगर मुनाफा नहीं होगा तो पूँजी निर्माण नहीं हो सकता, अगर पूँजी निर्माण नहीं होगा तो निवेश नहीं हो सकता, अगर निवेश नहीं होगा तो रोजगार पैदा नहीं होगा, अगर रोजगार पैदा नहीं होगा तो राजस्व का निर्माण नहीं होगा, अगर राजस्व निर्माण नहीं होगा तो सरकार के पास खर्च करने के लिए पैसे नहीं होंगे, वैसे भी यही लक्ष्य है। जितना भी पैसा हमारी सेना, हमारी पुलिस, हमारी रक्षा, रेलवे, संचार, अंतरिक्ष आदि पर खर्च होता है, वह भारी-भरकम होता है। तो पैसा कहाँ से आ रहा है? उनके

हमें ऐसा करना चाहिए और भारतीय कॉरपोरेट्स अगर पूरी दुनिया में फैल जाएँ तो शायद वह हमारे लिये लाभकारी होगा। आप देखिए कि चीन इसे किस तरह से बढ़ावा दे रहा है, साथ ही दुनिया के कई देश बढ़ावा दे रहे हैं। हमारी एक मनोवृत्ति बन गई थी कि अगर हम ऐसा कर रहे हैं तो शायद इसमें भ्रष्टाचार शामिल है।

साथ हमारा व्यवहार शत्रु जैसा नहीं हो सकता। हमें सोच बदलनी होगी। उनके बीच जो बुरे हैं, उन्हें सलाखों के पीछे डाला जाना चाहिए। उसके लिए कठोरतम नियम बनाए जाने चाहिए, लेकिन सभी पर शक करना और ऐसा माहौल बनाना, जहाँ उनका विकास न हो—देश के भीतर और बाहर, तो भारत सिर्फ एक सीमित स्तर तक विकास कर पाएगा। अगर इसे उस स्तर से ऊपर उठना है तो भारत के बिजनेस हाउस और कॉरपोरेट हाउस को बढ़ावा देना होगा।

एक और चीज है कि तकनीकी रूप से पिछड़ने से बचें। कोई भी उद्योग, कोई भी उत्पादन, ऐसी कोई भी चीज, जो गुजरे जमाने की तकनीक पर आधारित हो, उन्हें छाँटकर बाहर करना होगा। अगर हमें महाशक्ति बनना है तो हमारी अर्थव्यवस्था सबसे महत्त्वपूर्ण आधार होगी और अगर इसे विकसित बनाता है तो वैश्विक स्तर पर इसे प्रतिस्पर्धा के योग्य बनाना होगा।

चीन एक कम्युनिस्ट देश है और आप देखिए, 'अली बाबा' जैसे प्रतिष्ठान कितने बड़े कॉरपोरेट बन गए हैं और चीन की सरकार ने उनका कितना साथ दिया है। आज दुनिया में चीन का प्रभुत्व चीन की सरकारी कंपनियों के कारण नहीं है, बल्कि निजी कंपनियों की वजह से है, जो लगभग सरकारी कंपनियाँ ही हैं। हम भी यही चाहेंगे कि हमारी निजी कंपनियाँ भारत सरकार की कंपनियों के जैसी हों। वे भारत के रणनीतिक हितों के अनुसार काम करें, उस पर चलें और उसे इस हद तक बढ़ावा दें, जिसका लाभ हमारे आधार को मिले और यही ग्लोबल कॉरपोरेट्स कर रहे हैं।

एक और चीज है कि तकनीकी रूप से पिछड़ने से बचें। कोई भी उद्योग, कोई भी उत्पादन, ऐसी कोई भी चीज, जो गुजरे जमाने की तकनीक पर आधारित हो, उन्हें छाँटकर बाहर करना होगा। अगर हमें महाशक्ति बनना है तो हमारी अर्थव्यवस्था सबसे महत्त्वपूर्ण आधार होगी और अगर इसे विकसित बनाता है तो वैश्विक स्तर पर इसे प्रतिस्पर्धा के योग्य बनाना होगा। यह वैश्विक स्तर पर प्रतिस्पर्धी तभी होगी, जब इसकी तकनीक अपने समय से आगे की होगी।

इसलिए हम पुरानी पड़ चुकी तकनीक को लेकर नहीं चल सकते। इसके लिए कुछ परेशानियाँ उठानी पड़ेंगी। सरकार को उन परेशानियों को कम करने का प्रयास करना चाहिए। ऐसे काम, जो निहायत पारंपरिक तरीके से किए जा रहे हैं, उनके लिए सब्सिडी देनी होगी, नहीं तो यह होगा कि चीन में बननेवाले दीवाली के दीये व गणेश यहाँ बिकेंगे और कुम्हारों के पास कोई काम ही नहीं होगा। सारी पुरानी चीजें वैश्विक प्रतिस्पर्धा में टिक नहीं पाएँगी। इसलिए तकनीकी रूप से पुरानी चीजों को छोड़ना होगा और मुझे कहना होगा कि सरकार का डिजिटाइजेशन प्रोग्राम बहुत बड़ा गेम चेंजर है। सरकार का यह प्रयास है कि तकनीक को शक्तिशाली बनाने के लिए उसकी जड़ों तक जाए। अगर सारी चीजों को आप डिजिटाइज कर देते हैं तो आपके सारे आँकड़े कंप्यूटर में आ जाएँगे। आँकड़ों का प्रबंधन और जिस कृत्रिम बुद्धिमत्ता का भविष्य है, उसे नियंत्रित और सिद्ध करने से उत्पादन बढ़ेगा तथा आप उत्पादों को साइबर स्पेस की ताकत से पूरी दुनिया में बेच पाएँगे।

और तीसरा क्षेत्र, जहाँ मैं समझता हूँ कि हमें गलती करने से बचना चाहिए, वह है—'हार्ड पावर'। मैं नहीं समझता कि मुझे यहाँ हार्ड पावर को लेकर विस्तार से बताने की जरूरत है। क्या आप जानते हैं कि भारत आर्थिक रूप से अब छठे नंबर पर है और उसने फ्रांस को पीछे छोड़ दिया है? मगर कुल मिलाकर जो पावर रेटिंग है, उसमें भारत 15वें नंबर पर है।

और तीसरा क्षेत्र, जहाँ मैं समझता हूँ कि हमें गलती करने से बचना चाहिए, वह है—'हार्ड पावर'। मैं नहीं समझता कि मुझे यहाँ हार्ड पावर को लेकर विस्तार से बताने की जरूरत है। क्या आप जानते हैं कि भारत आर्थिक रूप से अब छठे नंबर पर है और उसने फ्रांस को पीछे छोड़ दिया है? मगर कुल मिलाकर जो पावर रेटिंग है, उसमें भारत 15वें नंबर पर है। सऊदी अरब और इजरायल, यहाँ तक कि ईरान जैसे छोटे देशों से भी पीछे है। ऐसा इसलिए, क्योंकि हम अपने हार्ड पावर को उस तरीके से और उस दिशा में विकसित नहीं कर पाए हैं। हमारी सेना बहुत विशाल है, बेहद प्रोफेशनल है, लेकिन हम वहाँ नहीं हैं, जहाँ

हमें होना चाहिए था। इसका बहुत बड़ा महत्त्व है और आपको हार्ड पावर की जरूरत इस वजह से नहीं है कि आपके पास अतिरिक्त क्षेत्रीय महत्त्वाकांक्षा है, बल्कि आप पर कोई आक्रमण का दुस्साहस न कर सके। यही वह ताकत है, जो स्थिरता देती है, एक लौह कवच देती है, जिसके भीतर आपकी अर्थव्यवस्था, आपके उद्योग, आपका मानव संसाधन विकास, यहाँ तक कि आपका लोकतंत्र भी सुरक्षित रह सकेगा और आगे बढ़ सकेगा। उस ताकत के बिना उनकी रक्षा करनेवाला वैसा लौह कवच शायद नहीं होगा और हार्ड पावर के लिए भारतीय मानसिकता से बाहर निकलें, जो सदियों से रही हैं, यानी हमेशा बीते कल के युद्ध की तैयारी करना। हमने जब युद्ध लड़ना शुरू किया, तब हमें लगा कि चूँकि हमारे घोड़ों में रकाब नहीं थी, इसलिए हम युद्ध हार गए। हम सिर्फ कंबल पर बैठे थे, तब हमने रकाबों का इंतजाम किया। जब वे दोबारा आए, तब उनके पास लगाम थी और हम फिर उनसे एक कदम पीछे थे। हम तैयार तो थे, पर उस युद्ध के लिए जो बीते कल में होता। अब दूसरे विश्व युद्ध के जैसा कोई युद्ध नहीं लड़ा जाएगा, बल्कि अब नए तरह का युद्ध होगा। राजनीतिक उद्देश्यों को हासिल करने के लिए युद्ध धीरे-धीरे निष्प्रभावी और महँगे साधन बनते जा रहे हैं। हम दूसरे माध्यमों से युद्ध के उद्देश्यों को पूरा कर रहे हैं। हम बहुत तेजी से चौथी पीढ़ी के युद्ध की ओर बढ़ रहे हैं। चौथी पीढ़ी का युद्ध अदृश्य दुश्मनों के खिलाफ होगा। हार्ड पावर, आर्थिक शक्ति, सैन्य शक्ति, तकनीकी शक्ति समेत सभी शक्तियों के मामले में सोवियत मुजाहिद्दीनों से बहुत आगे थे, फिर भी अफगानिस्तान में सोवियतों की हार हुई। वियतनामियों ने अमेरिकियों के दाँत खट्टे कर दिए।

हमने जब युद्ध लड़ना शुरू किया, तब हमें लगा कि चूँकि हमारे घोड़ों में रकाब नहीं थी, इसलिए हम युद्ध हार गए। हम सिर्फ कंबल पर बैठे थे, तब हमने रकाबों का इंतजाम किया। जब वे दोबारा आए, तब उनके पास लगाम थी और हम फिर उनसे एक कदम पीछे थे। हम तैयार तो थे, पर उस युद्ध के लिए जो बीते कल में होता।

इसलिए उन्नत हथियार, श्रेष्ठ संचार, बड़ा बजट, बड़ी सेना होने से ही

जीत मिल जाएगी, यह सत्य नहीं है। ऐसा नहीं है कि इनकी जरूरत नहीं, लेकिन इसके अलावा भी बहुत कुछ चाहिए और हमें इस लिहाज से सोचना होगा कि भविष्य में किस प्रकार के युद्ध होंगे। तकनीक का विकास इतना अधिक हो जाएगा कि हो सकता है वे संपर्क-विहीन युद्ध हों। क्या हमें इसकी तैयारी और भारी निवेश करने की जरूरत नहीं है? भारी निवेश इस वजह से, ताकि हम युद्ध-कौशल में तकनीक की श्रेष्ठता को हासिल कर सकें। मैं समझता हूँ कि ऐसे ही विचारों को नई सरकार ने लागू करने का प्रयास किया है। हमने कई सारे काम किए हैं। राष्ट्रीय सुरक्षा परिषद् सचिवालय का पुनर्गठन, जिसमें सिर्फ विज्ञान और तकनीक के लिए हमने एक अलग विभाग बनाया है। भविष्य की जरूरतों की पूर्ति के लिए विज्ञान और तकनीक की अपनी क्षमता को बढ़ाने के लिए हमने ऐसा कदम उठाया है।

मैं समझता हूँ कि ऐसे ही विचारों को नई सरकार ने लागू करने का प्रयास किया है। हमने कई सारे काम किए हैं। राष्ट्रीय सुरक्षा परिषद् सचिवालय का पुनर्गठन, जिसमें सिर्फ विज्ञान और तकनीक के लिए हमने एक अलग विभाग बनाया है।

कोवर्ट वारफेयर (गुप्त युद्ध)। गुप्त युद्ध कई तरीके का हो सकता है, अगर किसी देश पर आप प्रभाव डालना चाहते हैं, ताकि वह वैसा ही करे, जैसा आप चाहते हैं—अगर आप अपनी मजहब की सरकार बनवा लें या अपने लोगों को उसमें बिठा दें तो वह भी युद्ध जीतने जैसा ही है, अगर साइबर सिस्टम के इस्तेमाल से यह देखना चाहें कि अमेरिकी सरकार में क्या चल रहा है तो आप कर सकते हैं। इस तरह के प्रयोग आज नहीं भी कामयाब होते हैं तो कल वे कामयाब हो सकते हैं। हम कितने खतरे में हैं? यह नए तरीके का युद्ध है, जिसमें आप तकनीक की ताकत से सरकारें बना और गिरा सकते हैं। यही गुप्त युद्ध है। गुप्त युद्ध का इस्तेमाल आपकी अर्थव्यवस्था पर वार के लिए किया जा सकता है, श्रम संबंधों को बिगाड़ने के लिए हो सकता है, आपकी मीडिया नीति को प्रभावित करने के लिए हो सकता है, अव्यवस्था के दुष्प्रचार के लिए, आपके साइबर स्पेस, आपके पूरे मेगाडेटा, आपकी समूची सूचना को, जो इकट्ठा की

जा रही है, ताकि बड़े सुधार किए जा सकें, यदि वे तबाह हो गए तो भारत की बहुत सारी संपत्तियाँ तबाह हो जाएँगी। एक और चीज है, जिससे मैं समझता हूँ कि हमें बचना चाहिए, वह यह कि हमें दूसरे देशों पर निर्भर नहीं रहना चाहिए। सैनिक साजो-सामान के मामले में भारत की निर्भरता की बात है तो हमारे पास पूरी श्रृंखला हो या कुछ भी नहीं, दोनों एक ही बात है। अगर भाखड़ा नांगल डैम से लेकर आपके घर तक बिजली आती है और अंबाला में सिर्फ एक सेंटीमीटर तार काट दिया जाए तो आपके घर बिजली नहीं आएगी। डिफेंस में 70 फीसदी स्वदेशीकरण, 80 फीसदी स्वदेशीकरण, 90 फीसदी स्वदेशीकरण जैसा कुछ नहीं होता, इसे सौ फीसदी होना चाहिए, नहीं तो हमारे पास बंदूक होगी, लेकिन कारतूस नहीं होगा या कारतूस होगा, पर वह चैंबर नहीं होगा, जिसमें उसे डाला जाता है, अत: अब हमें पूरी प्रणाली अपने पास रखने का प्रयास करना होगा। हमारे पास जो भी हो, अपना हो। नई सरकार यही कर रही है। सारे नए प्लेटफॉर्म जो आ रहे हैं, उनमें 100 फीसदी ट्रांसफर ऑफ टेक्नोलॉजी होगी, ट्रांसफरेंस कोड होगा। अब हमने उन पर हस्ताक्षर कर दिए हैं, जिनसे हमें लंबे समय तक वंचित रखा गया था। चाहे ऑस्ट्रेलिया के साथ समझौता हो या मिसाइल एम.जे.आर.टी.पी., सारी चीजें ऐसी हैं कि भारत उनका एक हिस्सा है। अब हमारा उस पर हक है और कानूनी अधिकार है, अगर हमारे पास पैसा है तो हम कोई भी तकनीक हासिल कर सकते हैं। हमें सौ चीजें बनाने की जरूरत नहीं है, लेकिन हम जो भी बनाते हैं, उसे पूरी तरह यहीं बनाएँगे, चाहे उसकी तकनीक हो, पुर्जे हों या कुछ और। यही भारत को आगे भी करना चाहिए। आत्मनिर्भरता को बढ़ाइए, यदि आप उत्कृष्ट कर सकते हैं, जैसा

> ***डिफेंस में 70 फीसदी स्वदेशीकरण, 80 फीसदी स्वदेशीकरण, 90 फीसदी स्वदेशीकरण जैसा कुछ नहीं होता, इसे सौ फीसदी होना चाहिए, नहीं तो हमारे पास बंदूक होगी, लेकिन कारतूस नहीं होगा, या कारतूस होगा पर वह चैंबर नहीं होगा, जिसमें उसे डाला जाता है, अत: अब हमें पूरी प्रणाली अपने पास रखने का प्रयास करना होगा। हमारे पास जो भी हो, अपना हो।***

कि हमने कई क्षेत्रों में किया है, चाहे ब्रह्मोस हो या दूसरे क्षेत्र, तो शायद भारत सैन्य साजो-सामान की क्षमता में कहीं अधिक आत्मनिर्भर हो जाएगा।

भारत सबकुछ अपने दम पर कर सकता है और भारत का एक महाशक्ति बनना निश्चित है। दुनिया में कोई भी इसे रोक नहीं सकता, हमारे सिवाय। शायद इसे रोकने के लिए हमें ही सबसे ज्यादा मेहनत करनी होगी। ऐसी कड़ी मेहनत करना बंद कर दीजिए। चलिए, हम अच्छी दिशा में कुछ करने का प्रयास करें। छोड़िए दोषदर्शिता व नकारात्मकता को और इस देश का निर्माण कीजिए तथा इस संदेश को देश के कोने-कोने तक ले जाइए। अगले 10 वर्षों तक भारत को शक्तिशाली, स्थिर और निर्णायक सरकार चाहिए। इसमें कोई शक नहीं होना चाहिए, तभी हम अपने राष्ट्रीय, राजनीतिक, आर्थिक और सामरिक उद्देश्यों को हासिल कर पाएँगे। जोड़-तोड़वाली सरकार नहीं होने चाहिए। इसे निर्णायक होनी चाहिए। कमजोर गठबंधन भारत के लिए अच्छे नहीं होंगे। लोकतांत्रिक संस्थानों को हर हाल में मजबूत किया जाना चाहिए। कानून के शासन का पालन पूरी कर्मठता और धर्मपरायणता के साथ किया जाना चाहिए। झूठे और दुर्भावनापूर्ण दुष्प्रचारों का मुकाबला युद्ध-स्तर पर किया जाना चाहिए। झूठे आख्यानों की ताकत को कम मत आँकिए। सरदार पटेल ने एक महान् भारत का सपना देखा था, अगर आप उस महान् भारत के सपने को साकार करना चाहते हैं तो हम सभी को अपने दिल और दिमाग से एकजुट होकर प्रयास करना होगा। □

बँगलादेशी घुसपैठ सबसे बड़ा खतरा

गढ़वाल से ताल्लुक रखनेवाले डोभाल के पास एक 'ऑपरेशन मैन' के रूप में उत्कृष्ट साख है। उन्होंने मिजोरम विद्रोह में एक फील्ड ऑपरेटिव के रूप में नाम कमाया, जहाँ उन्होंने विद्रोही नेता लालडेंगा पर काबू किया। सन् 1989 में उन्होंने अमृतसर में स्वर्ण मंदिर से आतंकवादियों को निकालने के लिए 'ऑपरेशन ब्लैक थंडर' में पंजाब पुलिस और राष्ट्रीय सुरक्षा गार्ड के साथ एक आई.बी. टीम का नेतृत्व किया। देश के विभिन्न मुद्दों पर उनकी बेबाक राय से रू-बरू कराता एक साक्षात्कार—

सवाल : आंतरिक सुरक्षा से जुड़े मामलों में भारत के सामने क्या चुनौतियाँ हैं?

अजीत डोभाल : पिछले दशक में भारत और विदेशों में कई अध्ययन किए गए हैं, ताकि यह पता लगाया जा सके कि वास्तव में भारत की सुरक्षा कमजोरियाँ क्या हैं। सभी अध्ययन एक बिंदु पर सहमत हैं कि भारत की आंतरिक कमजोरियाँ इसकी बाहरी कमजोरियों की तुलना में बहुत अधिक हैं। आपने 'ग्रुप ऑफ मिनिस्टर्स टास्क फोर्स' की रिपोर्ट, राष्ट्रीय सुरक्षा सलाहकार बोर्ड की रिपोर्ट या अमेरिकी विदेश विभाग के आकलनों को पढ़ा—सभी कहते हैं कि आंतरिक सुरक्षा भेद्यता 75 से 80 प्रतिशत है।

वैश्विक संदर्भ में, द्वितीय विश्व युद्ध के बाद बहुत कम देशों ने बाहरी कारकों के कारण अपना क्षेत्र, अपना संविधान, अपनी अर्थव्यवस्था खो दी है। पूर्वी तिमोर, बँगलादेश और सोवियत संघ का टूटना आंतरिक कारकों के कारण था, जो गृह युद्ध या कानून के टूटने की ओर ले जाते थे। भारत एक पुरानी सभ्यता है, जो एक नए राष्ट्र राज्य में परिवर्तित हो रही है। यह अत्यधिक

ऊष्माक्षेपी है। यह ऊष्मा आवश्यक है, क्योंकि इससे सम्मेलन होता है।

लेकिन यह प्रक्रिया फॉल्ट लाइंस को तरल बना देती है। भारत में सभी दोष रेखाएँ हैं—जातीय, धार्मिक, सांस्कृतिक, भाषाई और जाति। संश्लेषण जारी है, लेकिन अभी तक सम्मेलन नहीं हुआ है। संक्रमण एक कठिन चरण है। मुझे उम्मीद है कि वर्ष 2050 में शिक्षा, अर्थव्यवस्था और विकास के कारण दोष रेखाएँ दूर हो जाएँगी। भारत की आंतरिक भेद्यता राजनीतिक कारकों के कारण भी है।

राजनीतिक नेताओं की किस्मत इन्हीं दोष रेखाओं का दोहन करने में है, जबकि सभी राजनीतिक नेता राष्ट्रीय एकता को मजबूत करना चाहते हैं। उनका भविष्य दोष रेखाओं के दोहन में निहित है। यहाँ विरोधाभास हैं। किसी विशेष समुदाय का वोट पाने के लिए मुझे उनके पक्ष में जोर देना होगा। अगर अल्पसंख्यक या बहुसंख्यक एक-दूसरे से डरते नहीं हैं तो वोट बैंक नहीं है। इसलिए राजनेताओं को मतदाताओं को डर की एक काल्पनिक या वास्तविक धारणा देनी होगी। राजनीति की प्रतिभा भय के शोषण और नए आविष्कारों में निहित है।

राजनीतिक नेताओं की किस्मत इन्हीं दोष रेखाओं का दोहन करने में है, जबकि सभी राजनीतिक नेता राष्ट्रीय एकता को मजबूत करना चाहते हैं। उनका भविष्य दोष रेखाओं के दोहन में निहित है। यहाँ विरोधाभास हैं।

लेकिन सरकार के अंदर व बाहर बहुत सकारात्मक, सक्षम और दृढ़ निश्चयी लोग हैं, जो इन दोषों को दूर करेंगे।

सवाल : यह व्यापक तसवीर है; लेकिन क्या आप हमें बता सकते हैं कि आप सूक्ष्म मुद्दों को कैसे देखते हैं? भारत की आंतरिक सुरक्षा के लिए सबसे प्रमुख मुद्दा कौन सा है?

अजीत डोभाल : मैं बँगलादेशियों की घुसपैठ को आंतरिक सुरक्षा की सबसे बड़ी समस्या मानता हूँ। यह सबसे बड़ा है, क्योंकि सरकार को लगता है कि वह इसमें कुछ नहीं कर सकती। कोई सैन्य प्रतिक्रिया नहीं है। राजनयिक प्रतिक्रियाएँ विफल हो गई हैं। सीमा प्रबंधन प्रभावी नहीं है और कानूनी प्रतिक्रिया संभव नहीं है, क्योंकि 2 करोड़ अवैध लोगों के निर्णय में 200 साल लगेंगे। फिर

भी आप उन बाहरी लोगों को सीमा पर ले जा सकते हैं। बँगलादेश उन्हें स्वीकार नहीं कर सकता है और यहाँ तक कि जब उन्हें स्वीकार कर लिया जाता है तो वे 15 दिनों के बाद भारत में एक नए गंतव्य पर वापस आ जाते हैं। जब एक भारतीय अदालत किसी को बँगलादेशी के रूप में दोषी ठहराती है तो उसकी सरकार का एस्कॉर्ट उसके लिए टिकट खरीदता है, उसे खाना देता है और उसे सीमा पर ले जाता है; लेकिन बड़ी संख्या में मामलों में बँगलादेश राइफल्स भारत के सबूतों को मानने से इनकार कर देती है। बँगलादेशी इस देश में सशुल्क छुट्टी का आनंद लेते हैं!

भारत की समस्या यह है कि अगर आपके पास 2 करोड़ लोगों का समर्थन आधार है, जो बाहर से हैं तो तोड़-फोड़ या तोड़-फोड़ से कैसे लड़ें। सांप्रदायिक हिंसा में लिप्त 5 आतंकवादियों या 50 तोड़-फोड़ करनेवालों या 200 व्यक्तियों की घुसपैठ करना मुश्किल है।

यहाँ तक कि अगर उसे स्वीकार कर लिया जाता है तो ढाका में लगभग 3,000 रुपए के दलालों का भुगतान करके वह सीमाबद्ध बस में वापस आ सकता है।

सवाल : बँगलादेश भारत से नफरत क्यों करता है?

अजीत डोभाल : भारत की समस्या यह है कि अगर आपके पास 2 करोड़ लोगों का समर्थन आधार है, जो बाहर से हैं तो तोड़-फोड़ या तोड़-फोड़ से कैसे लड़ें। सांप्रदायिक हिंसा में लिप्त 5 आतंकवादियों या 50 तोड़-फोड़ करनेवालों या 200 व्यक्तियों की घुसपैठ करना मुश्किल है। पाकिस्तान कभी भी सीमा पर एक बार में 200 लोगों को नहीं भेज पाएगा। बँगलादेश से 2,000 व्यक्ति प्रवेश कर सकते हैं, यदि आप प्रति व्यक्ति 3,000 रुपए का भुगतान करते हैं। उन्हें रोकना ही संभव नहीं है।

मैं आपको गुवाहाटी में गिरफ्तार एक व्यक्ति की एक दिलचस्प घटना सुनाता हूँ। उसका नाम सलीम कारी था, जो जन्म से ही अंधा था। वह उत्तर प्रदेश के मुजफ्फरनगर का रहनेवाला था। उसने कश्मीर के कुपवाड़ा में रहते हुए नौ साल तक उग्रवादी अभियान चलाया। वह कई आतंकी कारवाइयों का मास्टरमाइंड था। जब हमने उसे निशाने पर लिया तो वह पाकिस्तान भाग

गया। उसके बाद उसका कोई पता नहीं चला। वह एक ऐसे निकाय का सदस्य था, जो 'ब्लीड इंडिया' गतिविधियों में शामिल है। बाद में सलीम पाँच अन्य आतंकवादियों के साथ गुवाहाटी में सामने आया और सौभाग्य से उसे गिरफ्तार कर लिया गया। आपको उसके वे खुलासे पढ़ने चाहिए, जिन्हें असम के तत्कालीन मुख्यमंत्री ने राज्य विधानसभा में सार्वजनिक किए थे।

उसने बँगलादेश और पाकिस्तान में ले जाए गए भारतीय मुसलमानों की संख्या के बारे में बताया। उसने उन मॉडयूल्स के बारे में बात की, जो वे भारत में विभिन्न स्थानों पर बना रहे हैं। उसने खुलासा किया कि कैसे भारत के विभिन्न हिस्सों में बँगलादेशियों को अपना काम करने के लिए निशाना बनाया जाता है। बहुत से बँगलादेशी जासूसी के काम में सक्रिय रूप से शामिल हैं। लश्कर-ए-तैयबा के मॉडयूल भारत में अवैध बँगलादेशियों को अपना गंदा काम करने के लिए भी इस्तेमाल करते हैं।

भारत के लिए आँख खोलनेवाली बात वर्ष 2001 में ढाका में तब्लीग-ए-जमात की सभा के दौरान हुई थी। मक्का में हज के बाद यह सबसे बड़ी सभा थी। वहाँ 40 लाख से ज्यादा मुसलमान जमा हुए थे। बड़ी संख्या में लोग भारत से गए।

सवाल : बँगलादेश अगली आतंकी सरहद?

अजीत डोभाल : भारत के लिए आँख खोलनेवाली बात वर्ष 2001 में ढाका में तब्लीग-ए-जमात की सभा के दौरान हुई थी। मक्का में हज के बाद यह सबसे बड़ी सभा थी। वहाँ 40 लाख से ज्यादा मुसलमान जमा हुए थे। बड़ी संख्या में लोग भारत से गए। हमने पहले कभी ऐसी किसी भी सभा में इतने सारे भारत-विरोधी भाषण नहीं सुने थे। ये भाषण उस कार्यक्रम में दिए गए, जिसमें प्रधानमंत्री, मुख्य न्यायाधीश और बँगलादेश के कई अन्य शीर्ष नेता शामिल हुए थे। वहाँ जो पूरा माहौल बनाया जा रहा है, वह यह है कि भारत दुश्मन देश है। जमाते इसलामी भारत से सबसे ज्यादा नफरत करता है। आमद पाकिस्तान की 'इंटर सर्विसेज इंटेलिजेंस' को बढ़ावा दे रही है। यह हथियारों की तस्करी के लिए भी एक मार्ग है और उत्तर-पूर्व विद्रोह में मदद करता है। बँगलादेश भारत के जनसांख्यिकीय आक्रमण का

समर्थन करता है। इससे बड़ी संख्या में निर्वाचन क्षेत्रों का रंग बदल रहा है।

बाद में, राजनीतिक मजबूरियाँ राजनेताओं को भारत के सर्वोत्तम हित में निर्णय लेने से रोक देंगी।

सवाल : ऐसे में भारत के पास क्या विकल्प हैं ?

अजीत डोभाल : किसी को तो काम देना ही है। आदमी को ढूँढ़ो और उसे काम सौंपो। उनकी टीम को देने के लिए कहें। निगरानी करें कि कितने बँगलादेशी लौटते हैं। 20 से 30 प्रतिशत रिटर्न भी मिले तो असर पड़ेगा। आपको याद होगा कि पूरे भारत में 200 से अधिक निर्वाचन क्षेत्र ऐसे हैं कि राजनेता आप्रवासियों के पक्ष में निर्णय लेने और राष्ट्रीय सुरक्षा से समझौता करने के लिए ललचाएँगे। बँगलादेश की घुसपैठ से सांप्रदायिकता की राजनीति होगी।

किसी को तो काम देना ही है। आदमी को ढूँढ़ो और उसे काम सौंपो। उनकी टीम को देने के लिए कहें। निगरानी करें कि कितने बँगलादेशी लौटते हैं। 20 से 30 प्रतिशत रिटर्न भी मिले तो असर पड़ेगा।

सवाल : भारत को बँगलादेश की चिंता क्यों है ?

अजीत डोभाल : भारत के खुफिया ढाँचे को अवैध प्रवासियों को वापस भेजने का काम करना चाहिए था।

इंटेलिजेंस इन्फ्रास्ट्रक्चर बड़ी प्रणाली का एक हिस्सा है। ऐसा कोई भी हिस्सा बड़े सिस्टम को ओवरटेक नहीं कर सकता है। नट व बोल्ट उस इंजन से आगे नहीं निकल सकते, जो सिस्टम चला रहा है !

सवाल : बँगलादेशियों की आमद को नियंत्रित करने के लिए राष्ट्रीय जनतांत्रिक गठबंधन शासन के दौरान प्रभावी उपाय क्यों नहीं किए गए ?

अजीत डोभाल : आप मान रहे हैं कि मैं धूम्रपान की बुराइयों को नहीं जानता, इसलिए मैं धूम्रपान कर रहा हूँ; लेकिन हो सकता है कि मैं बुराइयों को जानता हूँ, लेकिन फिर भी धूम्रपान करता हूँ। ज्ञान स्वयं के प्रति काररवाई की कोई गारंटी नहीं है।

सवाल : लेकिन जब आप आई.बी. में थे, विभिन्न वरिष्ठ पदों पर थे तो आपने क्या किया ?

अजीत डोभाल : एन.डी.ए. शासन के दौरान कई कदम उठाए गए, जिनका तब सख्ती से पालन नहीं किया गया था। पहचान-पत्र प्रणाली शुरू की गई थी। एक पायलट प्रोजेक्ट पूरा किया गया था; उस प्रणाली पर बड़ी राशि खर्च की गई, जो राष्ट्रीय सुरक्षा को मजबूत करने में मदद करती। यदि आप किसी होटल में जाते हैं, यदि आप उड़ान भरते हैं, यदि आप एक घर खरीदते हैं, आप जो कुछ भी करते हैं, उसके लिए आपको उस आई-कार्ड की आवश्यकता होगी। यह एक राष्ट्रीय खतरे की प्रतिक्रिया थी।

मैं उस टीम का हिस्सा था, जिसके मैदान में 11 खिलाड़ी थे। आपको एक खास पोजीशन से खेलना होता है। ऐसे मुद्दों पर टीम का कप्तान फैसला करता है। नीति-निष्पादन हमेशा सरकार के नीति-निर्माण का एक अधीनस्थ कार्य होता है।

फिर, पहली बार आंतरिक सुरक्षा पर एक कार्यबल बनाया गया और एक बहु-एजेंसी केंद्र बनाया गया। पहली बार एक एकीकृत राष्ट्रीय सुरक्षा समझ विकसित की गई थी।

सवाल : लेकिन आप बँगलादेशी घुसपैठ के मुद्दे पर प्रभावी क्यों नहीं थे?

अजीत डोभाल : मैं उस टीम का हिस्सा था, जिसके मैदान में 11 खिलाड़ी थे। आपको एक खास पोजीशन से खेलना होता है। ऐसे मुद्दों पर टीम का कप्तान फैसला करता है। नीति-निष्पादन हमेशा सरकार के नीति-निर्माण का एक अधीनस्थ कार्य होता है।

सवाल : कौन से अन्य मुद्दे भारत की आंतरिक सुरक्षा पर प्रतिकूल प्रभाव डाल रहे हैं?

अजीत डोभाल : सीमा प्रबंधन एक गंभीर समस्या क्षेत्र है। उत्तर और यहाँ तक कि तटीय सीमाओं—दोनों में भारतीय सीमाओं का प्रबंधन अधिक ध्यान देने योग्य है। इस पर ध्यान दिया जा रहा है, लेकिन हमें और चौकसी की जरूरत है। भारत में 15,000 कि.मी. से अधिक भूमि सीमा और लगभग 7,500 कि.मी. तटीय सीमा है। याद रखिए, अगर पाकिस्तान के साथ सीमा सुरक्षित होती तो पंजाब में कोई विद्रोह नहीं होता। कश्मीर की समस्या बहुत कम होती,

अगर भारी मात्रा में हथियार और गोला-बारूद सीमा के रास्ते नहीं आते। हम निश्चित रूप से जानते हैं कि 54,000 ए.के. श्रृंखला की राइफलें जब्त की गई हैं। इसलिए हम जानते हैं कि इनमें से अधिकतर हथियार भारत-पाक सीमा के माध्यम से आते हैं। भारत द्वारा जब्त किए गए 1,000 किलोग्राम से अधिक आर.डी.एक्स. का मतलब है कि 100 से अधिक ट्रक माल का पता लगाए बिना आ गए हैं।

कल्पना कीजिए, अगर ये हथियार और आर.डी.एक्स. आ गए हैं तो कितने लोग इस सामान को लेकर पाकिस्तान से घुसपैठ कर चुके हैं? 15,000 से ज्यादा लोग ट्रेनिंग के लिए पाकिस्तान जा चुके हैं और हथियार लेकर लौटे हैं।

> ***अगर ये हथियार और आर.डी.एक्स. आ गए हैं तो कितने लोग इस सामान को लेकर पाकिस्तान से घुसपैठ कर चुके हैं? 15,000 से ज्यादा लोग ट्रेनिंग के लिए पाकिस्तान जा चुके हैं और हथियार लेकर लौटे हैं।***

इसके अलावा, समुद्र से 200 कि.मी. दूर हमारे पास विशेष क्षेत्र हैं, जिनका एक महान् रणनीतिक व आर्थिक महत्त्व है। हिंद महासागर प्रतिस्पर्धा का क्षेत्र बनता जा रहा है।

हमें आंतरिक सुरक्षा प्रबंधन के लिए राष्ट्रीय प्राथमिकता की जरूरत है और एक बार नीति तय हो जाने के बाद हमें उस पर अमल करना चाहिए। अगर इसे निष्पादित नहीं किया जाता है तो इसका मतलब है कि भारत एक नरम राज्य है।

सवाल : बँगलादेशी घुसपैठ और सीमा प्रबंधन के अलावा राष्ट्रीय सुरक्षा के प्रबंधकों के लिए अन्य प्रमुख चिंताएँ क्या हैं?

अजीत डोभाल : नक्सल समस्या, जिसे 'वाम चरमपंथी आंदोलन' भी कहा जाता है, भारत को परेशान करनेवाला एक और अत्यंत महत्त्वपूर्ण मुद्दा है। यह आंतरिक सुरक्षा के लिए एक और खतरनाक क्षेत्र है।

जब आप भारत को सुरक्षित करने की बात करते हैं तो हम खुद से पूछते हैं कि आप क्या सुरक्षित करने की कोशिश कर रहे हैं? जब हम सीमा पर बाड़ लगाने की कोशिश करते हैं तो हम अपनी क्षेत्रीय अखंडता, अपनी संप्रभुता को सुरक्षित कर रहे होते हैं। हम इंटर सर्विसेज इंटेलिजेंस की गतिविधियों से खुद को

सुरक्षित करने की कोशिश कर रहे हैं। लेकिन जब हम माओवादियों से निपटते हैं तो हम अपने कानून के शासन और अपने संविधान को सुरक्षित करने की कोशिश कर रहे होते हैं।

जब हम माओवादियों से मुकाबला करने की बात करते हैं तो हम अपनी शासन-प्रणाली को सुरक्षित करने की बात करते हैं। माओवादी हमारे संविधान, कानून के शासन और हमारे प्रकार के शासन के लिए खतरा हैं। वे हिंसा के माध्यम से, मतपेटियों के माध्यम से नहीं, नियमों और सरकारों को बदलना चाहते हैं।

> ***माओवादी प्रभाव का विशाल भौगोलिक विस्तार भारत के 40 प्रतिशत हिस्से को प्रभावित करता है। वास्तविक परिचालन क्षेत्र के संदर्भ में यह पंजाब के उग्रवाद, कश्मीर के आतंकवाद और उत्तर-पूर्व के विद्रोहों को मिलाकर चार गुना अधिक है। दूसरा, इस समस्या की प्रतिक्रिया कठिन होगी।***

सवाल : युवाओं को माओवादियों से कैसे दूर करें?

अजीत डोभाल : भारत की राष्ट्रीय सुरक्षा के लिए इस सोच के गंभीर निहितार्थ हैं।

पहला, माओवादी प्रभाव का विशाल भौगोलिक विस्तार भारत के 40 प्रतिशत हिस्से को प्रभावित करता है। वास्तविक परिचालन क्षेत्र के संदर्भ में यह पंजाब के उग्रवाद, कश्मीर के आतंकवाद और उत्तर-पूर्व के विद्रोहों को मिलाकर चार गुना अधिक है। दूसरा, इस समस्या की प्रतिक्रिया कठिन होगी।

जब 10,000 लोगों की उपस्थिति में जन-अदालतें बनाई जाती हैं और मौत की सजा दी जाती है और भारतीय पुलिस प्राथमिकी भी दर्ज नहीं करती है तो आप क्या उम्मीद करते हैं? माओवादियों की आधिकारिक प्रतिक्रिया इस मुद्दे का सबसे पेचीदा हिस्सा है। जब पंजाब की समस्या शुरू हुई तो भारत सरकार अर्धसैनिक बलों की भारी तैनाती के साथ भी पंजाब के ग्रामीण इलाकों को कवर नहीं कर सकी। जम्मू व कश्मीर में केवल घाटी की एक छोटी सी पट्टी प्रभावित है; लेकिन हमें सेना के पाँच से छह कोर और अर्धसैनिक बलों की जरूरत है और

फिर भी पुलिस के लिए कश्मीर के अंदरूनी हिस्सों पर हावी होना मुश्किल है।

माओवादी संघर्ष भारत के विशाल भीतरी इलाकों में है। यदि किसी स्थान पर 10,000 लोग संयुक्त रूप से हमला करते हैं और यदि उनमें से 30 प्रतिशत सशस्त्र हैं तो सुरक्षाकर्मी जवाबी कारवाई नहीं कर सकते, क्योंकि परिणामी हत्याओं से अधिकतम नुकसान होगा। क्या आप जानते हैं, जहानाबाद जेल ब्रेक में 1,000 से ज्यादा लोगों ने हाथ क्यों मिलाया? उन्हें घेरा तोड़ने और जेल पर हमला करने के लिए केवल 25 से 30 प्रशिक्षित और कुशल लोगों की जरूरत है। लेकिन जैसा कि चारु मजूमदार ने कहा, "हर क्रांतिकारी को अपने हाथ खून से लथपथ करने चाहिए।"

जैसा कि अंडरवर्ल्ड गिरोहों में होता है, जब कोई नवागंतुक आता है तो वे उसे एक हत्या करने के लिए कहते हैं, ताकि वह एक आरोपी बन जाए और फिर उसके पास स्थायी रूप से गिरोह में शामिल होने के अलावा कोई विकल्प नहीं होगा। जिन लोगों ने जहानाबाद जेल में छापेमारी में हाथ मिलाया, वे जीवन भर नक्सली आंदोलन के साथ रहेंगे, क्योंकि वे सभी संगीन अपराध में सह-आरोपी हैं।

पिछले दो वर्षों में माओवादियों द्वारा ऐसी 500 से अधिक घटनाएँ की गई हैं। कल्पना कीजिए कि उनके पास कितनी ताकत है! माओवादी नेता जानते हैं कि अगर उन्हें भारतीय सेना से लड़ना है तो वे 'कब्जेवाले राज्य' के खिलाफ नहीं जीत सकते हैं।

पिछले दो वर्षों में माओवादियों द्वारा ऐसी 500 से अधिक घटनाएँ की गई हैं। कल्पना कीजिए कि उनके पास कितनी ताकत है! माओवादी नेता जानते हैं कि अगर उन्हें भारतीय सेना से लड़ना है तो वे 'कब्जेवाले राज्य' के खिलाफ नहीं जीत सकते हैं। अगर आपके पास जनता की 'ढाल' नहीं है तो वे सभी 'मुक्त क्षेत्र' मुक्त नहीं रह सकते।

सवाल : क्या आप इस बात से सहमत हैं कि माओवादी आंदोलन एक राजनीतिक आंदोलन है?

अजीत डोभाल : यह शत-प्रतिशत राजनीतिक आंदोलन है। बंदूक की बैरल के जरिए माओवादी सत्ता हथियाना चाहते हैं।

सवाल : क्या यह एक संरचित आंदोलन है?

अजीत डोभाल : यह पूरी तरह से संरचित संगठन है। उनका एक पोलित ब्यूरो है। उनकी एक केंद्रीय समिति है। उनके क्षेत्रीय कार्यालय हैं और अब उनके पास क्षेत्रीय कमांडर हैं। उनके पास सेना है और उनके पास सैनिकों के लिए सेनापति हैं।

सवाल : खुफिया एजेंसियाँ उन्हें गिरफ्तार क्यों नहीं कर सकतीं और उन पर मुकदमा क्यों नहीं चला सकतीं?

अजीत डोभाल : क्या आप वह सबकुछ कर सकते हैं, जो आप चाहते हैं? आप जो चाहते हैं और जो आप करने में सक्षम हैं, उसके बीच एक बड़ा अंतर है।

सरकार ने कुछ कल्याणकारी उपाय शुरू किए हैं। सरकार जरूरत पड़ने पर केंद्रीय सैनिकों को भेज रही है। माओवाद-प्रभावित राज्यों के मुख्यमंत्रियों की एक कमेटी बनाई जा रही है।

सवाल : क्या भारत माओवादियों को नियंत्रित करने या उनके खिलाफ काररवाई करने में सक्षम है?

अजीत डोभाल : अगर भारत ऐसा करने का फैसला करता है तो भारत कर सकता है।

सवाल : सरकार द्वारा अब तक की गई प्रमुख काररवाई क्या है?

अजीत डोभाल : सरकार ने कुछ कल्याणकारी उपाय शुरू किए हैं। सरकार जरूरत पड़ने पर केंद्रीय सैनिकों को भेज रही है। माओवाद-प्रभावित राज्यों के मुख्यमंत्रियों की एक कमेटी बनाई जा रही है।

माओवादी समस्या पर चर्चा के लिए समय-समय पर गृह मंत्रालय की बैठक में एक समिति होती है; लेकिन अभी तक कुछ भी कारगर होता नहीं दिख रहा है।

सरकार की प्रतिक्रिया पर्याप्त नहीं है। जब कोई घटना होती है तो केंद्रीय रिजर्व पुलिस बल की 5 या 7 बटालियनें भेज दी जाती हैं, भले ही उन सैनिकों को कोई फर्क पड़े या नहीं। जैसा कि प्रधानमंत्री ने कहा है, हमें लीक से हटकर सोचना होगा। हमें अब तक पारंपरिक प्रतिक्रियाएँ मिली हैं।

यह चरित्र में पूरी तरह से अलग समस्या है। इसके सामाजिक, सुरक्षा, आर्थिक और संचार आयाम हैं। मैं इसे एक बहुत ही महत्त्वपूर्ण राष्ट्रीय मुद्दा मानता हूँ, क्योंकि यह भारत के भीतरी इलाकों में है। भारत की भू-वैज्ञानिक और वन संपदा यही है। संचार की सभी सतह धमनियाँ इससे होकर गुजरती हैं, जब पंजाब, जम्मू व कश्मीर और पूर्वोत्तर अशांत थे तो इसका शेष भारत पर ज्यादा प्रभाव नहीं पड़ा। माओवादी अपने इलाके से गुजरनेवाले हर ट्रक पर टैक्स लगा रहे हैं। न्याय व्यवस्था चरमरा गई है। रेल यातायात सुचारु रूप से नहीं चल सकता; क्योंकि अधिकांश ट्रेनें उन क्षेत्रों से होकर गुजरती हैं। वे अब टैक्स जमा कर रहे हैं। वे न सिर्फ निजी जमीनें बाँट रहे हैं, बल्कि सरकारी जमीनों के पट्टे भी बाँट रहे हैं। यदि आप अपने न्यायिक कार्य को छोड़ देते हैं, यदि आप अपने विधायी कार्य को छोड़ देते हैं और यदि आप कर नहीं वसूलते हैं तो भारत की संप्रभुता कहाँ बची है? सरकार की वैधता और विश्वसनीयता दाँव पर है।

यह चरित्र में पूरी तरह से अलग समस्या है। इसके सामाजिक, सुरक्षा, आर्थिक और संचार आयाम हैं। मैं इसे एक बहुत ही महत्त्वपूर्ण राष्ट्रीय मुद्दा मानता हूँ, क्योंकि यह भारत के भीतरी इलाकों में है।

सवाल : स्थिति किस ओर जा रही है?

अजीत डोभाल : जिस दिन यह अहसास होता है कि यह समस्या बहुत गंभीर है, इसके लिए राष्ट्रीय प्रतिक्रिया की आवश्यकता है। पहली चीज जो उभरनी चाहिए, वह है भारत में राजनीतिक सहमति।

सवाल : क्या माओवादियों को जिहादी संगठनों का समर्थन मिलता है?

अजीत डोभाल : जिहादियों से नहीं; लेकिन उनके सामरिक संबंध हैं। किसी तरह के प्रशिक्षण के लिए 'लिबरेशन टाइगर्स ऑफ तमिल ईलम' के साथ उनके सामरिक संबंध थे।

सवाल : उन्हें कैसे वित्त-पोषित किया जाता है?

अजीत डोभाल : सरकार की विकास निधि उनका प्रमुख स्रोत है। वे खराब शासन के कारण इन फंडों को छीन लेते हैं। पटवारी एवं बड़े सरकारी

अधिकारी से लेकर स्थानीय राजनेता तक सब चुप रहते हैं।

यह कोई भयावह परिदृश्य नहीं है, बल्कि यह एक ऐसी घटना है, जिसके लिए जागरूकता की आवश्यकता है।

उन्हें न तो अपराधी माना जाता है और न ही आतंकवादी।

आतंकवाद की कोई स्वीकृत परिभाषा नहीं है। यदि वे अपने राजनीतिक उद्देश्यों को प्राप्त करने के लिए हिंसा का उपयोग करते हैं तो आप क्यों कहते हैं कि वे आतंकवादी नहीं हैं? आतंकवादियों की निंदा की जाती है, क्योंकि नागरिक समाज में उनके साधन अस्वीकार्य हैं और इसलिए उनका उद्देश्य खराब हो जाता है।

विभिन्न स्तरों पर समझ रखते हैं। सामाजिक-आर्थिक स्तर पर काम करें। कॉलेज व स्कूल बनाना, रोजगार व अस्पताल उपलब्ध कराना और लोगों की शिकायतों का निवारण करना; लेकिन इन चीजों की कमी किसी को भी निर्दोष लोगों को मारने का लाइसेंस नहीं देती है।

सवाल : गृह मंत्री शिवराज पाटिल ने कहा कि माओवादी हमारे देश की संतान हैं।

अजीत डोभाल : खैर, दाऊद इब्राहिम भी हमारे देश का बच्चा है। इंदिरा गांधी की हत्या करनेवाले आतंकवादी भी हमारे देश के बच्चे थे।

आइए, विभिन्न स्तरों पर समझ रखते हैं। सामाजिक-आर्थिक स्तर पर काम करें। कॉलेज व स्कूल बनाना, रोजगार व अस्पताल उपलब्ध कराना और लोगों की शिकायतों का निवारण करना; लेकिन इन चीजों की कमी किसी को भी निर्दोष लोगों को मारने का लाइसेंस नहीं देती है।

सवाल : माओवादी सोचते हैं कि एक सीमा से अधिक वे अन्याय को सहन करने में असमर्थ हैं।

अजीत डोभाल : हाँ, वे जो करते हैं, उसके बारे में दृढ़ता से सोच सकते हैं; लेकिन भारतीय राज्य उनकी सोच को स्वीकार नहीं कर सकता। हिंसा का सहारा लेनेवाला कोई भी व्यक्ति स्वीकार नहीं किया जा सकता है।

अगर राज्य नरम होने की कोशिश करता है तो हमें भारत के संविधान को

बदलना चाहिए। किसी भी व्यक्ति को मारने का अधिकार नहीं है और उनके कार्यों के लिए कोई औचित्य नहीं प्रस्तुत करना चाहिए।

मुख्य बात यह तय करना है कि क्या भारतीय समाज अपने राजनीतिक उद्‍देश्य को प्राप्त करने के लिए हिंसा को एक न्यायोचित साधन के रूप में स्वीकार करता है? अगर जवाब 'नहीं' है तो माओवादी आंदोलन आतंकवाद है।

यदि आप उन्हें श्वेत-श्याम कहते हैं तो बहुत अधिक प्रतिक्रियाएँ होंगी। यह एक तरह का युद्ध होगा।

इस जंग को लड़ना है और जीतना है, जब मैं यह कह रहा हूँ तो इसका मतलब यह नहीं है कि माओवादियों को कोई वास्तविक समस्या या कोई कारण नहीं है। इसका मतलब यह नहीं है कि भारत के उन हिस्सों में सरकारी प्रक्रिया विफल नहीं हुई है।

उन हिस्सों में हम शासन करने में विफल रहे हैं और हम आर्थिक मोर्चे पर विफल रहे हैं; लेकिन सवाल हिंसा से निपटने की रूपरेखा का है।

यह अभी गृह युद्ध नहीं है, लेकिन यह गंभीर संघर्ष का कारण बन सकता है। हमें ढाँचा तैयार करना होगा। हमें उन्हें चुनाव लड़ने के लिए राजी करना होगा। उन्हें समझाना संभव है। चारु मजूमदार के बाद जब विनोद मिश्रा आए तो उन्होंने माओवादी कम्युनिस्ट सेंटर बनाया और चुनाव लड़ा।

सवाल : दूसरे शब्दों में, क्या इसका मतलब यह है कि यह गृह युद्ध है?

अजीत डोभाल : यह अभी गृह युद्ध नहीं है, लेकिन यह गंभीर संघर्ष का कारण बन सकता है। हमें ढाँचा तैयार करना होगा। हमें उन्हें चुनाव लड़ने के लिए राजी करना होगा। उन्हें समझाना संभव है। चारु मजूमदार के बाद जब विनोद मिश्रा आए तो उन्होंने माओवादी कम्युनिस्ट सेंटर बनाया और चुनाव लड़ा। कुछ अलग हुए अति-वामपंथी समूह बिहार में एम.सी.सी. और आंध्र प्रदेश में पीपुल्स वार ग्रुप में शामिल हो गए हैं।

सवाल : क्या आपको नहीं लगता कि एक बड़ी समस्या यह है कि शहरी भारत में लोगों के पास माओवादियों में शामिल होने या उनका समर्थन करनेवाले लोगों की तुलना में प्रौद्योगिकी तक पहुँच सहित कई अधिक विशेषाधिकार हैं?

अजीत डोभाल : बहुत सही बात कही है आपने। सरकार का पहला काम लोगों तक पहुँचना है। यह काम राजनीतिक नेताओं को करना है। हमें उन तक पहुँचने और उनसे जुड़ने की जरूरत है।

सवाल : जब आप आई.बी. प्रमुख थे तो आपको माओवादी मुद्दे के प्रबंधन के बारे में सबसे ज्यादा क्या याद है?

अजीत डोभाल : उस समय सरकार ने कुछ अनसुनी आवाजों के बावजूद उनसे बात करने का फैसला किया था। शांति को एक मौका देना होगा; लेकिन संघर्ष के समाधान में मन की स्पष्टता सबसे महत्त्वपूर्ण चीज है। किससे बात करनी है, क्या पेश करना है और कौन उन्हें सबसे ज्यादा प्रभावित कर सकता है, यह स्पष्ट रूप से तय किया जाना चाहिए।

सवाल : इन समस्याओं से निपटने के लिए भारत कितनी अच्छी तैयारी कर रहा है?

अजीत डोभाल : भारत मुकाबला करने में सक्षम है। कितने देशों ने इतने लंबे समय तक और इतनी सफलता से इतने प्रकार के आतंकवाद का मुकाबला किया है?

□

अपने फैसलों पर दृढ़ रहें : अजीत डोभाल

सवाल : एयर स्ट्राइक या सर्जिकल स्ट्राइक के दौरान आप वॉर रूम में होंगे, जहाँ शायद एक-एक मिनट पूरे हालात पर नजर रख रहे होंगे, तो आपके दिमाग में क्या चल रहा था? और क्या किसी भी समय आपको यह डर था या ऐसा लग रहा था कि यह फैसला गलत हो सकता है या आपने गलत फैसला ले लिया? तो उस समय आपकी मनोस्थिति क्या थी?

अजीत डोभाल : मैं कई सारे ऑपरेशन किए, पर इस खास ऑपरेशन की अंदरूनी जानकारी तो नहीं दे सकता, लेकिन मैं आपसे एक बात कहूँगा कि हम सब इनसान हैं और इनसानी दिमाग, इनसान का चित्त लगभग एक ही प्रकार से काम करता है। अंतर यह होता है कि आप उसके प्रति कैसी प्रतिक्रिया करते हैं। यह बिल्कुल बारिश के जैसा होता है। बारिश हम सब पर समान रूप से बरसती है, लेकिन कुछ लोगों को जुकाम हो जाता है, कुछ लोग पूरे कपड़ों में होते हैं, कुछ के पास रेन कोट होता है, कुछ के पास कुछ और होता है। इसलिए जब आप बड़े फैसले लेते हैं, जब आप महत्त्वपूर्ण फैसले लेते हैं, तब हमेशा ही घबराहट की, अनिश्चितता की एक भावना होती है, क्योंकि आप भविष्य को नहीं देख पाते, आप भविष्य नहीं बता सकते और आप तभी जान पाते हैं कि फैसला सही था या गलत, जब परिणाम सामने आ जाता है, तब तक तो सबकुछ हो जाता है; लेकिन ज्यादा महत्त्वपूर्ण यह है कि आप इससे कैसे निपटते हैं। आप उसकी योजना कैसे बनाते हैं। मैं आपको इस तरह से बता सकता हूँ कि अगर मैं कोई फैसला लेता हूँ तो यह देखता हूँ कि बदतर स्थिति में क्या हो सकता है। मैं अनुमान लगाता हूँ कि सबकुछ गलत हो गया, तब क्या होगा और फिर

आप यह देखते हैं कि जब सबकुछ गलत हो जाता है तो क्या होगा! क्या यह जोखिम उठाया जा सकता है? समझें, प्रेस और मीडिया आपके बारे में बहुत कुछ लिखेगा-बोलेगा, लेकिन मिशन को नुकसान नहीं होगा। हो सकता है हमें कुछ जानें गँवानी पड़े, तब भी कोई बात नहीं। हम इससे निपट सकते हैं। देश इस सदमे को झेल सकता है। सबसे बुरे हालात का आकलन कर लेने के बाद आप उसे बेहतर बनाने की कोशिश करते हैं। इसे मैं इसी तरीके से देखता हूँ।

मान लीजिए, मैं लॉटरी की एक टिकट खरीदता हूँ या मैं कहता हूँ कि अगर मुझे कोई काम करना है, जो गलत हो जाए तो मुझे 500 रुपए की चपत लगेगी; लेकिन मैं देखता हूँ कि इस खर्च को कम कैसे किया जाए तो आप कोशिश करते हैं कि इसे अधिक किफायती बनाएँ और तब तक ऐसा करते हैं, जब तक आपको नहीं लगता कि अब यह जोखिम उठाया जा सकता है। इसके लिए समय चाहिए, तैयारी चाहिए, जिसमें कभी-कभी हमारे काम में तकनीक, बेहतरीन खुफिया जानकारी और बाकी चीजें जरूरी होती हैं। इसलिए मैं कहना यह चाहता था कि डर से निपटते समय उस डर को स्पष्ट शब्दों में बोलें तो आप पाएँगे कि वह डर बहुत बड़ा नहीं है। वह उतना बड़ा नहीं, जितना कि आप उसको लेकर परेशान हैं। यह उससे काफी कम है। इतना ही नहीं, आप उसे और कम कर सकते हैं, बेहतर तैयारी से, बेहतर जानकारी से, बेहतर समझ और कठिन परिश्रम से। फिर दूसरी बड़ी बात यह है कि महत्त्वपूर्ण फैसलों के लिए आपके पास आपातस्थिति के लिए एक योजना होनी चाहिए, वह होती है पीछे हटने की स्थिति। आप जब भी करते हैं, तब हालात बदल जाते हैं। अब वह नई परिस्थिति होती है, जिसका आपको मुकाबला करना

मैं लॉटरी की एक टिकट खरीदता हूँ या मैं कहता हूँ कि अगर मुझे कोई काम करना है, जो गलत हो जाए तो मुझे 500 रुपए की चपत लगेगी; लेकिन मैं देखता हूँ कि इस खर्च को कम कैसे किया जाए तो आप कोशिश करते हैं कि इसे अधिक किफायती बनाएँ और तब तक ऐसा करते हैं, जब तक आपको नहीं लगता कि अब यह जोखिम उठाया जा सकता है।

पड़ता है और आपको अगर उसका मुकाबला करना है तो उसके लिए हमें नई आकस्मिक योजना बनानी पड़ती है। यह अनुकूल हो सकती है, प्रतिकूल हो सकती है, जैसे कि 'बालाकोट ऑपरेशन' के समय मीडिया इस पर काफी कुछ कह रहा था। यह एक नई स्थिति है, अनुकूल स्थिति है। नई स्थिति है तो इसमें आपको योजना बनानी होगी कि लोगों की राय से आप कैसे निपटेंगे या फिर एक अंतरराष्ट्रीय विषय खड़ा होगा, तो आप इसका हिसाब लगाते हैं। खबर आने के बाद आपकी आकस्मिक योजना क्या होगी? जो होना था हो गया, अनुकूल या प्रतिकूल। अब एक नई परिस्थिति सामने आएगी और फिर आपको उससे निपटना होगा। इसलिए मैं समझता हूँ कि डर का स्तर काफी कम हो जाता है। आप जानते हैं कि आपको इसे सँभालना होगा, इसकी तैयारी करनी होगी। आप जानते हैं कि आपके पास जरूरी प्रतिभा, जानकारी, संसाधन और सारी चीजें तैयार हैं, तो चाहे जो हो जाए, हम इससे निपट लेंगे।

सबसे पहले हम यह समझें कि हम सभी हर दिन सैकड़ों फैसले लेते हैं। क्या पहनें, क्या खाएँ, क्या कहें या क्या खरीदें, वगैरह-वगैरह। सवाल यह है कि क्या है जो किसी फैसले को मुश्किल बनाता है? मुश्किल फैसले क्या होते हैं?

सवाल : डर से निपटा जा सकता है, जैसा कि आपने कहा, दिमागी तैयारी और ट्रेनिंग से; लेकिन कभी-कभी निर्णय लेते समय आपके पास विकल्प नहीं होते हैं और फिर आपको सही में कड़े फैसले लेने पड़ते हैं। जब बात राष्ट्रीय सुरक्षा की आती है और आपको मुश्किल फैसला करना पड़ता है तो उसके दूरगामी नतीजे हो सकते हैं, कई पीढ़ियों पर इसका असर पड़ सकता है। इसलिए आप जब एक कठोर फैसला कर रहे होते हैं तो आप किन बातों का खयाल रखते हैं? यह निर्णय लेने के डर से थोड़ा अलग होता है?

अजीत डोभाल : सबसे पहले हम यह समझें कि हम सभी हर दिन सैकड़ों फैसले लेते हैं। क्या पहनें, क्या खाएँ, क्या कहें या क्या खरीदें, वगैरह-वगैरह। सवाल यह है कि क्या है जो किसी फैसले को मुश्किल बनाता है? मुश्किल फैसले क्या होते हैं? मुश्किल फैसले वे होते हैं, जिनके नतीजे बड़ी

संख्या में लोगों को लंबे समय तक प्रभावित कर सकते हैं। जोखिम अधिक होता है, क्योंकि उनमें से कुछ गलत फैसले इतिहास की दिशा बदल सकते हैं, जैसे कहें कि जब भारत को आजादी मिली और राज्यों का विलय हो रहा था, तब एक फैसला लिया गया कि हमें संयुक्त राष्ट्र में जाना चाहिए, क्योंकि पाकिस्तान की ओर से कबायली हथियारों से लैस होकर आ रहे थे, बजाय इसके कि सीधे-सीधे पूरी ताकत से उन्हें मुँहतोड़ जवाब देना चाहिए था, पर हमने सोचा कि हमें संयुक्त राष्ट्र में जाना चाहिए, उसके बाद हम एक ऐसी स्थिति में आ गए, जहाँ यह अंतरराष्ट्रीय मुद्दा बन गया और हम पाकिस्तान अधिकृत कश्मीर को आजाद नहीं करा पाए। तो वह ऐसा फैसला था, जिसके दूरगामी परिणाम हुए। यहाँ तक कि आज भी कश्मीर में जो समस्या है, वह उसी की वजह से है। नहीं तो 535 रियासतों का भारत में विलय हो गया था और वह भी एक रियासत थी, जिसे भारत के साथ मिल जाना चाहिए था, लेकिन हमने चूँकि संयुक्त राष्ट्र में जाने का फैसला ले लिया था, इसलिए हमारे लिए मुश्किल खड़ी हो गई, जबकि यह फैसला हमारे राष्ट्रीय हित के अनुकूल नहीं था।

तो आप मुश्किल फैसले कैसे लेते हैं? पहली चीज है कि आपके सामने अपने उद्देश्य आईने की तरह साफ होने चाहिए। सारे विशेषणों, क्रिया-विशेषणों को हटा दें। सिर्फ संज्ञा और क्रिया होनी चाहिए।

तो आप मुश्किल फैसले कैसे लेते हैं? पहली चीज है कि आपके सामने अपने उद्देश्य आईने की तरह साफ होने चाहिए। सारे विशेषणों, क्रिया-विशेषणों को हटा दें। सिर्फ संज्ञा और क्रिया होनी चाहिए। इसे जितना संभव हो छोटा व सरल बना लेना चाहिए। मत कहिए कि हम आतंकवाद से लड़ने जा रहे हैं। यह उद्देश्य नहीं है। इस मामले में कहें कि हम फलाँ तारीख को फलाँ व्यक्ति या मॉड्यूल को तबाह करने जा रहे हैं। यह है उस काररवाई का उद्देश्य, जो आपके सामने स्पष्ट है और जब यह होता है तो अगला काम जो करना है, वह करते हैं। इसलिए आपके उद्देश्य बहुत अच्छी तरह परिभाषित होने चाहिए। आमतौर पर हम भारतीय लोग दुनिया भर की बातों, विचारों, परेशानियों, चिंताओं

में उलझ जाते हैं, जबकि उद्देश्यों पर फोकस नहीं करते। उसके बाद आपको अपनी क्षमताओं, अपने हालातों, अपनी मजबूरियों, उपलब्ध संसाधनों, जो हो सकता है, उसे लेकर एक निष्पक्ष विश्लेषण करना चाहिए। मैं जब उद्देश्य कहता हूँ तो वह बहुत महत्त्वपूर्ण होता है और ऐसा ही मेरे साथ होता है।

मैं जब भी फैसला लेता हूँ तो खुद से कुछ सवाल करता हूँ—क्या मैं गुस्से में हूँ? अगर मैं गुस्से में हूँ तो कभी फैसला नहीं करता, क्योंकि आमतौर पर आप तथ्यों पर आधारित फैसले नहीं ले रहे होते हैं, जब आप गुस्से में होते हैं और आप में वस्तुनिष्ठता नहीं होती है। क्या मैं डरा हुआ हूँ? अगर मैं डरा हुआ हूँ तो मेरे फैसले वस्तुनिष्ठ नहीं होंगे। मेरे लिए अपने जीवन की सुरक्षा ज्यादा अहम हो जाती है, इसलिए मेरा फैसला इससे प्रभावित हो जाएगा कि इसके बाद मैं जिंदा लौटूँगा या मेरी मौत हो जाएगी। तो मैं कहता हूँ कि ठीक है, मैं इंतजार करूँगा। मैं कल फैसला करूँगा, जब मैंने ठान लिया कि क्या हुआ अगर मेरी मौत हुई तो हुई, परवाह नहीं, मैं इसके लिए तैयार हूँ। जो भी मेरी जिम्मेदारी है, जिसकी मुझे चिंता है, मैंने उसका इंतजाम कर लिया है, अगर आप नाराज हैं, आपको लगता है कि आपके निजी हित दाँव पर लगे हैं, आपकी नौकरी जा सकती है या ऐसी ही लोगों की कई तरह की चिंताएँ होती हैं। उस समय फैसला मत कीजिए। उसे स्थिर हो जाने दीजिए। वस्तुनिष्ठ होने के लिए आपको कोई भी निर्णय बिल्कुल शांत मन की दशा में लेना चाहिए, बिल्कुल संयत मनोदशा होने पर, पूरी तरह से तटस्थ मनोस्थिति में लेना चाहिए।

मैं जब भी फैसला लेता हूँ तो खुद से कुछ सवाल करता हूँ—क्या मैं गुस्से में हूँ? अगर मैं गुस्से में हूँ तो कभी फैसला नहीं करता, क्योंकि आमतौर पर आप तथ्यों पर आधारित फैसले नहीं ले रहे होते हैं, जब आप गुस्से में होते हैं और आप में वस्तुनिष्ठता नहीं होती है। क्या मैं डरा हुआ हूँ?

फिर जब आपने उद्देश्यों को स्पष्ट कर लिया है तो देखिए कि कौन से विकल्प हैं, जिनसे आप उन उद्देश्यों को हासिल कर सकते हैं। कठिन फैसलों में ज्यादा विकल्प नहीं होते हैं, फिर भी विकल्प तो होते हैं और आपका अनुभव,

आपकी जानकारी उन विकल्पों को बेहतरीन बना देते हैं, फिर आप कहते हैं—ठीक है, मुझे यहाँ से कनॉट प्लेस जाना है। आप सबसे अच्छा विकल्प कैसे चुनते हैं? हर विकल्प की एक कीमत होती है। हर विकल्प का एक समय होता है। हर विकल्प के साथ अवसर होते हैं, जिनमें उन्हें किया जा सकता है। जो आपके सबसे अनुकूल होता है, वही सबसे अच्छा विकल्प है, जो सबसे किफायती है और निश्चित रूप से आपके लक्ष्य को हासिल कर सकता है। अब वे लोग कौन हैं, जो आमतौर पर गलत फैसले नहीं लेते, पर गलत विकल्प चुन लेते हैं, जिसे वे कहते हैं कि हमारा फैसला गलत था। फैसला गलत नहीं था, आपने जो विकल्प चुना था, वह गलत था और आपने गलत विकल्प क्यों चुना, क्योंकि आपने शोध नहीं किया था। आपकी जानकारी, आपका अनुभव, आपका डेटाबेस, लोगों के साथ आपकी बातचीत, जो आपकी मदद कर सकते थे, वह आपने ठीक से नहीं किया था। इसलिए आपने एक ऐसा विकल्प चुन लिया कि मैंने फैसला तो किया कि कनॉट प्लेस जाऊँगा, पर मैं चाँदनी चौक कैसे पहुँच गया! फिर मैं कहता हूँ कि मेरे दो घंटे बरबाद हो गए। कनॉट प्लेस जाने का फैसला गलत नहीं था, आपने गलत रास्ता चुन लिया। गलत या सही रास्ता आप कैसे समझेंगे, जब आप नक्शा खोलेंगे। जब आप हर सड़क, हर मोड़ को मैप में समझेंगे, तब आप सबसे तेज रास्ते से सबसे कम पेट्रोल और कम समय खर्च कर पहुँच जाएँगे। इसलिए अपने विकल्पों पर गौर करें और उसकी तैयारी करें। आपने जब विकल्प चुन लिया, तब उसकी तैयारी शुरू कर दें और यही सबसे जरूरी चीज है। मैं इस पर जोर देना चाहता हूँ कि यह सबसे महत्त्वपूर्ण है कि आप अपना सबसे अच्छा प्रदर्शन करें। आपके फैसले सही या गलत नहीं होते। होता यह है कि आप फैसला ले लेते हैं, लेकिन उस दिशा में काम

अब वे लोग कौन हैं, जो आमतौर पर गलत फैसले नहीं लेते, पर गलत विकल्प चुन लेते हैं, जिसे वे कहते हैं कि हमारा फैसला गलत था। फैसला गलत नहीं था, आपने जो विकल्प चुना था, वह गलत था और आपने गलत विकल्प क्यों चुना, क्योंकि आपने शोध नहीं किया था।

नहीं करते और पूर्ण समर्पण से उसे फलीभूत नहीं कर पाते हैं। जीवन में सही फैसले लेना महत्त्वपूर्ण होता है, लेकिन कुछ है, जो इससे भी महत्त्वपूर्ण है, यानी फैसलों पर अमल करना। इसलिए सही फैसला लेना उतना महत्त्व नहीं रखता, जितना कि फैसले पर अमल करना। एक बार आपने फैसला कर लिया तो फिर आपका साहस है, आपका संकल्प है, आपकी दूरदर्शिता है, सहिष्णुता की भावना है, आपमें इसे करने की योग्यता है कि आप उस फैसले को सही साबित करें। चूँकि आपने एक फैसला लिया है और आपने एक जिम्मेदारी ली है। ठीक है, गलत फैसला हो भी गया, थोड़ी सी गलती है, तो भी आप उसे ठीक करने का प्रयास करें और इस कारण काररवाई पर ज्यादा ध्यान दें, बजाय इसके कि फैसले बदलते रहें। आपने एक बार फैसला कर लिया तो फिर उस पर चलिए।

मैं काफी कम उम्र का था, तब न जाने क्यों यह सोचा गया कि मैं ऑपरेशन पर जा सकता हूँ और उसके बाद मैं ऐसे ही कामों में व्यस्त रहा, जब तक कि मैं चीफ नहीं बन गया, लेकिन सच कहूँ तो मैंने इस बारे में कभी सोचा नहीं है कि क्या मैं औरों से अलग हूँ!

सवाल : यह सवाल आपके काम करने के तरीके के बारे में है। आपने भारत में या विदेश में सैकड़ों ऑपरेशन किए होंगे और ज्यादातर लोग आपको 'सोलो-फ्लायर' कहते हैं। तो वह क्या है, जो अजीत डोभाल को दूसरों से अलग करता है?

अजीत डोभाल : खैर, ये सही है कि मैंने बहुत सारे ऑपरेशन किए हैं, क्योंकि जीवन भर मेरी तैनाती उसी में रही। मैं काफी कम उम्र का था, तब न जाने क्यों यह सोचा गया कि मैं ऑपरेशन पर जा सकता हूँ और उसके बाद मैं ऐसे ही कामों में व्यस्त रहा, जब तक कि मैं चीफ नहीं बन गया; लेकिन सच कहूँ तो मैंने इस बारे में कभी सोचा नहीं है कि क्या मैं औरों से अलग हूँ! मुझे लगता है कि हर इनसान अलग होता है। भगवान् की हर रचना अनूठी है, जब दो फिंगरप्रिंट समान नहीं हो सकते हैं तो दो लोग या व्यक्तित्व एक जैसे कैसे हो सकते हैं। वे अलग ही होंगे। मैं भी अलग हूँ, लेकिन मेरी अपनी परवरिश, शिक्षा, जीवन के अनुभवों के कारण शायद कुछ खास तरह की विशेषताएँ आ गई होंगी

और जैसी बातें मुझे सुनने को मिलती है तो आप ठीक कह रहे हैं कि लोग सोचते हैं कि मैं सोलो जैसी चीज हूँ। मैं इस तरह की चीजें करना चाहता हूँ। कभी-कभी नकारात्मक तरीके से भी कहा जाता है। कभी-कभी लोग अच्छी मंशा से कहते हैं; लेकिन एक बात है कि मैं क्यों 'सोलो ऑपरेटर' रहा हूँ तो मुझे लगता है कि मैं शायद अपने हालातों को जानता हूँ। जहाँ मैं जोखिम उठा सकता हूँ, वहाँ दूसरों को जोखिम में क्यों डालूँ। उनकी अपनी परिस्थितियाँ हो सकती हैं, वह भी ऐसी कि वे अपने आदेश से करें; लेकिन जब मैं करता हूँ, तो वह करता हूँ, जिस पर मुझे विश्वास है। उन्हें वह करने दीजिए, जिन पर उन्हें विश्वास है। इसलिए मेरे लिए मैं जो कर रहा हूँ, उसमें बेहद पुख्ता विश्वास या संकल्प होता है। मैं जानता हूँ कि मुझे इसकी आदत है। दूसरे को शंका हो सकती है और संस्कृत में कहते हैं कि 'संशयात्मा विनश्यति', अगर आप शंका में हैं तो आप कभी सफल नहीं होंगे, विशेष रूप से ऑपरेशन में। इसलिए मैं जो भी करता हूँ, उसमें कभी शंका में नहीं रहता हूँ। मैं जानता हूँ कि मैंने फैसला किया है, सही परिश्रम किया है, मैंने अपनी रिसर्च की है, मैंने अपने आप को तैयार किया है, खुद को लैस किया है और उसके बाद मैं उसे करूँगा। हो सकता है कुछ लोग ऐसा करते होंगे तो अच्छी बात है। वे उसे एक आदेश के रूप में लेते हैं, लेकिन उनका समर्पण और उनका विश्वास समान स्तर का नहीं होता है। दूसरी बात, मैं नहीं चाहूँगा कि दूसरे लोग जोखिम उठाएँ, जो काम पूरी तरह से मेरा बनाया होता है।

मैं जानता हूँ कि मुझे इसकी आदत है। दूसरे को शंका हो सकती है और संस्कृत में कहते हैं कि 'संशयात्मा विनश्यति', अगर आप शंका में हैं तो आप कभी सफल नहीं होंगे, विशेष रूप से ऑपरेशन में।

कई तरह की बातें कही जाती हैं, मिस्टर मारवाह ने एक पुस्तक लिखी है, जब स्वर्ण मंदिर में बहुत कुछ घटा था। लगभग 300 आतंकी अंदर घुस गए थे और वे अंदर बहुत कुछ कर रहे थे, तब हमें 'ऑपरेशन ब्लैक थंडर' करना पड़ा। उस समय किसी-न-किसी को अंदर जाना था, चाहे जिसके हुलिए में या जिस पहचान के साथ जाए और मैं इस ऑपरेशन का मुखिया

था तो मुझे ही यह करना था। मैं जानता था कि बचने की उम्मीद बहुत कम है। खासतौर पर जब आप लंबे समय के लिए जाते हैं और मुझे बार-बार जाना पड़ा। उन्होंने मुझसे कहा कि डोभाल साहब, हम आपके साथ चलेंगे तो मैंने कहा कि मेरे साथ कोई नहीं जाएगा, अगर कोई मेरे साथ होगा तो मैं ज्यादा असुरक्षित हो जाऊँगा। एक और बात है कि इंटेलिजेंस ऑपरेशन में अगर आप अकेले हैं तो सबसे ज्यादा सुरक्षित हैं, क्योंकि कोई भी आपकी बात को काट नहीं सकता, अगर आप पकड़े भी जाते हैं तो आपका झूठ ही सच माना जाएगा और अगर आप बहुत होशियार व बुद्धिमान हैं तो आप उन्हें घुमा सकते हैं। आपको यह नहीं सोचना होगा कि दूसरे आदमी ने क्या कह दिया है। ऐसा नहीं है कि वह गलत है, लेकिन वह अलग है। इसलिए वे दोनों की बातों के अंतर का पता लगा सकते हैं। खैर, अकेले काम करने का यह एक प्लस पॉइंट है। मेरे बारे में एक और बात कही जाती है कि मैं जिन अभियानों को करता हूँ, उनमें काफी सरप्राइज होता है। एक और काम है, जिस पर मैं काम करता रहा हूँ। मैं कभी कोई काम दो बार नहीं करता हूँ। कभी नहीं। मैंने इसकी शुरुआत तब की, जब मैं 20 साल का था और अब मैं 77 का हूँ। मैंने कभी कुछ भी दोबारा नहीं किया है। मैं हमेशा सबकुछ अलग तरीके से करना पसंद करता हूँ। ऐसे, जैसे कि वह पहली बार हो। हर अभियान, चाहे वह बड़ा हो या छोटा, मेरे जीवन में पहली बार होता है। इसलिए मैं उसे उसी भावना के साथ करता हूँ, जैसे कोई बच्चा किसी काम को पहली बार करता है, क्योंकि तब आप किसी पर निर्भर नहीं होते और किसी प्रकार की पूर्वधारणा नहीं होती। क्या गारंटी है कि मैं पिछली बार लकी रहा तो इस बार भी लकी रहूँगा! अपनी पूर्वधारणाओं को बार-बार सिद्ध करें, अगर मैंने कल बहुत अच्छी बिरयानी बनाई तो इसकी कोई गारंटी नहीं कि मैं आज भी वैसी ही बना लूँगा। मुझे आज भी देखना होगा कि चिकन अच्छी

मेरे बारे में एक और बात कही जाती है कि मैं जिन अभियानों को करता हूँ, उनमें काफी सरप्राइज होता है। एक और काम है, जिस पर मैं काम करता रहा हूँ। मैं कभी कोई काम दो बार नहीं करता हूँ।

तरह पक जाए और चावल बेहतर हो। जीवन में सबकुछ, आपके जीवन का हर सेकेंड आपके बाकी के जीवन का पहला सेकेंड होता है। आपके जीवन का हर दिन आपकी बाकी बचे जीवन का पहला दिन होता है। उसकी शुरुआत उसी तरीके से कीजिए। फिर आती है—स्पीड। लोग कहते हैं कि मैं बहुत तेज चलता हूँ। बोलता भी हूँ तो बहुत जल्दी-जल्दी।

अगर आपको लगता है कि आपकी खुफिया जानकारी लीक हो गई है और आपके दुश्मन को यह पता चल गया है तो जब तक वह इसका आकलन करता है, जब तक उसे समझ आता है, तब तक अगर आपमें रफ्तार है, आप उसे हराना चाहते हैं—दिनों, घंटों, मिनटों या सेकेंड में, तो वह आप तक पहुँच जाएगा, लेकिन उसे आने में दो मिनट की देर हो जाएगी, तब तक आप वहाँ से निकल जाएँगे। इसलिए हिट करने में और क्विट करने में तेजी दिखाइए। आलस मत कीजिए और रफ्तार को बनाए रखिए। बेशक, गोपनीयता इस प्रोफेशन का एक बड़ा हिस्सा है, लेकिन मैं हमेशा मानता हूँ कि आपमें ऐसी योग्यता होनी चाहिए कि आप हमेशा घुले-मिले, बातचीत करें, लेकिन महत्त्वपूर्ण बातें गोपनीय रहनी चाहिए। इसलिए चरम गोपनीयता रखें, जो धीरे-धीरे जीवन की शैली बन जाती है और आप एक गोपनीय व्यक्ति बन जाते हैं। इसलिए मैं समझता हूँ कि मैंने जितने भी ऑपरेशन किए हैं और दूसरों को भी लगता है कि इसमें काफी हद तक सरप्राइज रहता है, स्पीड रहती है, गोपनीयता रहती है और वह कहते हैं न कि मैं 'सोलो' काम करता हूँ।

दिनों, घंटों, मिनटों या सेकेंड में, तो वह आप तक पहुँच जाएगा, लेकिन उसे आने में दो मिनट की देर हो जाएगी, तब तक आप वहाँ से निकल जाएँगे। इसलिए हिट करने में और क्विट करने में तेजी दिखाइए।

सवाल : आपने स्पीड, सीक्रेसी के बारे में कई दिलचस्प बातें बताईं, जो असल में आपके जेहन से आकार लेती हैं। किसी व्यक्ति ने एक निश्चित अवधि में किस तरह की मनोवृत्ति पैदा की है? क्या आप अपने जीवन की कुछ घटनाएँ हमें बताना चाहेंगे, जिन्होंने आपमें इस तरह की मनोवृत्ति को विकसित करने में सहायता की?

अजीत डोभाल : ऐसी कोई घटना नहीं थी, जिसे मैंने बनाया या जिसकी योजना बनाई कि वह मेरी मनोवृत्ति को प्रभावित करे। आपने जिन चीजों की योजना बनाई है, वह आपकी मनोवृत्ति को प्रभावित नहीं करते, क्योंकि आपने ही उनकी योजना बनाई है। जो चीजें आपकी मनोवृत्ति पर असर डालती हैं, वे ऐसी होती हैं, जो घटी हैं और जिसकी योजना आपने नहीं बनाई है। वे अपनी छाप छोड़ जाती हैं। अगर मैं याद करूँ तो मेरा बचपन थोड़ा मुश्किल भरा था। मेरे पिता सेना के अधिकारी थे और जब मेरा जन्म हुआ, तब परिवार में 40 साल बाद कोई नया मेहमान आया था। मैं अकेला था और बाकी मेरी बहनें थीं तो मुझे बहुत लाड़-प्यार किया गया। मेरे दादा और मेरी माँ और बाकी लोग भी प्यार करते थे, अर्थात् मैं काफी नाजो से पला-बढ़ा। कुछ हद तक मैं बिगड़ भी गया था, जैसा कि होता है। इसलिए मेरे पिता ने मुझे बोर्डिंग स्कूल भेज दिया। मैंने मिलिट्री स्कूल में दाखिला लिया। उस समय मैं आठ साल का था। आठ साल की उम्र में मैंने अपना घर छोड़ दिया और उस समय वह 'किंग जॉर्ज रॉयल इंडियन मिलिट्री कॉलेज' के नाम से जाना जाता था, जो बाद में 'किंग जॉर्ज स्कूल' बना और अब यह 'ब्रिटिश स्कूल' के नाम से जाना जाता है। इस तरह मेरी जिंदगी अपने घर के आरामदेह माहौल से बोर्डिंग स्कूल के सूनेपन तक पहुँच चुकी थी। रात होने पर मैं घंटों-घंटों रोता रहता था, क्योंकि मुझे अकेले सोना पड़ता था, लेकिन जल्दी ही मैं समझ गया कि इस जिंदगी को अपने तरीके से जीना होगा। आपको अपने दर्द, तनाव, आराम सबको सहना होगा। तो मैं अपने में ही खोए रहनेवाला बन चुका था। यह मेरे प्रोफेशन के लिए भी ठीक था, लेकिन इसने मुझे यह भी सिखाया कि मैं जो भी करूँगा, उसकी जिम्मेदारी मेरी होगी, अगर दूसरे छात्रों ने मुझे पीटा तो इसका मतलब होगा कि मैं उन्हें सही तरीके से सँभाल नहीं पाया। यह मेरे जीवन

ऐसी कोई घटना नहीं थी, जिसे मैंने बनाया या जिसकी योजना बनाई कि वह मेरी मनोवृत्ति को प्रभावित करे। आपने जिन चीजों की योजना बनाई है, वह आपकी मनोवृत्ति को प्रभावित नहीं करते, क्योंकि आपने ही उनकी योजना बनाई है।

की पहली घटना थी, जिसे मैं जब पलटकर देखता हूँ तो यही समझ आता है कि अगर मुझे कुछ करना है तो अकेले ही करना है। मुझे आत्मनिर्भर होना होगा और मैं जो भी करता हूँ, उसकी जिम्मेदारी मुझ पर होगी। मेरे साथ जो भी होता है, उसके लिए मेरे सिवाय और कोई जिम्मेवार नहीं होगा, चाहे अच्छा हो या बुरा। मुझे नतीजों का सामना करना होगा। दूसरी बात है कि उस स्कूल का आदर्श वाक्य बड़ा विचित्र था, अगर उन्होंने अब भी उसे नहीं बदला है तो वह था— 'प्ले द गेम'। चूँकि वहाँ बच्चे बहुत कम उम्र में आते थे, इसलिए उन्हें लगता था कि बच्चों को खेल खेलना आना चाहिए और खेल से जो खूबियाँ उनमें पैदा होती हैं, उन्हें बढ़ाया जाए। हर बच्चे को कोई-न-कोई खेल दिया जाता था। मैं चेटवुड हाउस में था, फिर सेलेक्शन शुरू हुआ। कुछ लोगों को फुटबॉल के लिए चुना गया। कुछ को हॉकी के लिए और इसी तरह बाकी खेलों के लिए। मुझे बॉक्सिंग के लिए चुना गया। यह काफी दिलचस्प कहानी है। स्कूल लेवल पर सभी खेलते हैं तो मैं भी खेलता था। स्कूल के दिनों में मैं काफी अच्छा बॉक्सर था। एक दिन मेरे क्लास टीचर ने मुझे यह कहानी सुनाई। उन्होंने मुझसे पूछा, "जानते हो मैंने तुम्हें बॉक्सिंग के लिए क्यों चुना?" उन्होंने बताया कि मेरे भीतर एक अनोखा गुण है। उस समय कोई नहीं जानता था कि कौन लंबा होगा, कौन छोटा, पर उस समय तो सभी छोटे थे। बस, एक-आध इंच का अंतर रहा होगा। उन्होंने कहा कि तुमने कभी हार नहीं मानी, जब तुम्हें पीटा जाएगा तो तुम कभी रिंग से बाहर नहीं आओगे, जब तुम्हारा खून बहेगा, तब भी तुम लड़ते रहोगे। ऐसा नहीं है कि तुम सबसे अच्छे फाइटर थे, लेकिन तुम्हारे भीतर जबरदस्त जीवटता थी। मैं युद्ध इस कारण नहीं जीतूँगा, क्योंकि मैं सबसे ताकतवर हूँ, बल्कि इसलिए कि मैं हार नहीं मानूँगा। मैं इंतजार करूँगा, खुद को तैयार करूँगा और कई वर्षों तक इंतजार

मेरे साथ जो भी होता है, उसके लिए मेरे सिवाय और कोई जिम्मेवार नहीं होगा, चाहे अच्छा हो या बुरा। मुझे नतीजों का सामना करना होगा। दूसरी बात है कि उस स्कूल का आदर्श वाक्य बड़ा विचित्र था, अगर उन्होंने अब भी उसे नहीं बदला है तो वह था—'प्ले द गेम'।

करूँगा। उन्होंने कहा कि यही मैंने सोचा कि मनोवैज्ञानिक रूप से एक बॉक्सर में जो गुण होना चाहिए, उस हिसाब से तुम आखिरी राउंड तक रिंग में बने रहोगे, भले ही तुम सारे राउंड हार जाओ, तब भी जब तुम पिट जाओ, लहूलुहान हो जाओ। उन्होंने कहा कि काफी बेहतर लड़के थे, जो लड़ सकते थे, लेकिन जिस पल उन्हें एक या दो मुक्के पड़ते तो वे बस क्विट करने की सोचते। तुम पिटते रहे, लेकिन डटे रहे। समय के साथ तुम ट्रिक्स सीख लोगे और शायद जीतने भी लगो। उन्होंने कहा कि यह एक गुण है। अच्छा या बुरा नहीं, लेकिन याद रखो कि यह तुम्हारी ताकत है, अगर तुम समस्या के सामने लंबे समय तक डटे रहे और यही वजह है कि मेरे कार्यकाल लंबे रहे हैं। मैं नॉर्थ-ईस्ट गया तो वहाँ 7 साल तक रहा। मैं पाकिस्तान गया तो वहाँ भी 7 साल तक रहा। मैं टिका रहूँगा। आप मुझे टॉर्चर कीजिए या कुछ भी कीजिए, मैं उसे सह लूँगा। मैं लंबे समय तक अन्याय को सहन कर लूँग और आपा भी नहीं खोऊँगा। बहुत कम उम्र में मेरा स्वावलंबी होना, पिटाई खाना और उसके बाद यह समझना की पिटाई खाकर भी आप जीत सकते हैं।

नहीं, मैंने नहीं लिया। परिस्थितियाँ ऐसी थीं। मैंने कहा था कि अगर आपने एक फैसला लिया है तो यह आपकी मनोवृत्ति पर असर नहीं डाल सकता है। अगर मैंने कुछ करने का फैसला किया है तो मैंने उसके लिए खुद को तैयार कर लिया है। मेरी तर्क की क्षमता इसमें शामिल हो गई है तो इसका असर नहीं पड़ेगा।

सवाल : तो आपने सही फैसला लिया?

अजीत डोभाल : नहीं, मैंने नहीं लिया। परिस्थितियाँ ऐसी थीं। मैंने कहा था कि अगर आपने एक फैसला लिया है तो यह आपकी मनोवृत्ति पर असर नहीं डाल सकता। अगर मैंने कुछ करने का फैसला किया है तो मैंने उसके लिए खुद को तैयार कर लिया है। मेरी तर्क की क्षमता इसमें शामिल हो गई है तो इसका असर नहीं पड़ेगा। जीवन में जो घटता है, वह आपके जीवन को बदल देता है। इसलिए मैं अपनी मनोवृत्ति को बदलने के लिए बोर्डिंग स्कूल नहीं गया, लेकिन अचानक मुझे एहसास हुआ कि माँ के आँचल की छाँव यहाँ नहीं है।

वहाँ सारे बालक थे और जब बालक किसी नए बालक को देखता है तो वह उसके लिए दुश्मन होता है, तब तक, जब तक कि चीजें शांत नहीं हो जाती हैं। शुरुआत करने के लिए आपको एक-दूसरे को पीटना है और जो नया आता है, उसे सभी पीटते हैं। इसलिए आप एक तकिया हैं, जिस पर सब टूट पड़ेंगे। यही बड़े होने की प्रक्रिया है और कुछ समय बाद आप भी सीनियर बन जाते हैं, पर आप नहीं जानते कि यह कैसे आप पर असर डालेगा, मगर पूरी दुनिया मेरी ताकत, मेरी जीवटता और मेरा धैर्य ही सबकुछ है। आप चाहें तो कोने में जाकर रो लें, दौड़ें-भागें और जाकर क्लास टीचर से कहें कि मेरी पिटाई हुई है और बच्चों से कहें कि वे ऐसा न करें; लेकिन अगले दिन आप जा रहे होंगे तो कोई इस तरह से कोहनी मार देगा। कोई कुछ और करेगा। इसी तरह की चीजें होती रहेंगी। जो चीजें आपके साथ हो रही हैं, उन्हें आप होने से रोक नहीं सकते। जीवन में यह जरूरी है कि आपके साथ क्या हो रहा है और उससे भी जरूरी है कि आप उस पर कैसी प्रतिक्रिया करते हैं। मैं समझता हूँ कि प्रकृति या हालात मुझे उसके लिए तैयार कर रहे हैं, मगर उसके लिए नहीं, जो मेरे साथ होता है, क्योंकि वह भगवान् के हाथ में है, लेकिन वह मुझे इसके लिए तैयार कर रहा है कि अगर मुझे कुछ होगा तो मैं उससे कैसे निपटूँगा।

मुझे नहीं लगता कि ऐसा भी है। यह बायनरी नहीं होता। ऐसा नहीं होता कि कोई फैसला सही या परिस्थितिजन्य होता है। पहली बात, कोई भी गलत फैसला नहीं लेता है। फैसला सही है या गलत, तब पता चलता है, जब घटना हो जाती है।

सवाल : आप यह कहना चाह रहे हैं कि फैसलों की अपेक्षा हालात के अनुसार सही होना ज्यादा जरूरी है?

अजीत डोभाल : नहीं। मुझे नहीं लगता कि ऐसा भी है। यह बायनरी नहीं होता। ऐसा नहीं होता कि कोई फैसला सही या परिस्थितिजन्य होता है। पहली बात, कोई भी गलत फैसला नहीं लेता है। फैसला सही है या गलत, तब पता चलता है, जब घटना हो जाती है। इसलिए आप जब उसे लेते हैं तो आपको लगता है कि यही सही है, नहीं तो आप नहीं लेते। यदि आपको पता होगा कि यह

जहर है तो क्या आप जहर खा लेंगे? मान लें कि किसी ने आपको कैंडी दी है और आप उसे खा रहे हैं, जो जहर निकल जाता है, तब फैसला लेते समय वह सही था, क्योंकि आपको जानकारी नहीं थी। इसलिए ऐसा कहना गलत है। दूसरा, गलत या सही, हर फैसले में कई पहलुओं पर गौर किया जाता है। हालात उनमें से एक है। मान लें कि हम इस कमरे में बैठे हैं और कोई एके-47 लेकर यहाँ दाखिल हो जाता है। यहाँ के हालात खास हैं। इस हालात में आपको एक फैसला लेना है। आप देखते हैं कि यह रास्ता है और इससे निकलना ही है या दरवाजा तोड़ना है और उससे बाहर निकलना है। अब यह एक परिस्थिति है, जो वैसी नहीं होगी, जब हम बरामदे में होंगे, लेकिन आठ लोग हैं, जिनके पास हथियार है। ये हालात वैसे नहीं होंगे, अगर ये सड़क पर होंगे, जहाँ आपके पास बंदूक निकालने का समय है। सही या गलत की बात नहीं है, हालात या स्थान महत्त्व रखता है; लेकिन आपका हालात पर गौर करना ही एक पहलू नहीं होता है। कई दूसरी चीजें होती हैं, जैसा कि मैंने कहा था—आपका उद्देश्य क्या है, आप इस मिशन को क्यों कर रहे हैं, क्यों आप ये काम कर रहे हैं? कुछ भी हो सकता है, यानी आप क्या हासिल करना चाहते हैं, आपके संसाधन क्या हैं; लेकिन इसे सही होना चाहिए या परिस्थितिजन्य, का मतलब है कि अगर यह परिस्थितिजन्य है तो यह सही नहीं होगा और अगर यह सही होगा तो परिस्थितिजन्य नहीं होगा। इस मामले में आप जो सही होने की बात कर रहे हैं, उसमें नैतिकता की बात कहीं ज्यादा है या मूल्य की बात ज्यादा है, अगर मूल्य के आधार की बात है तो आप जो करना चाहते हैं और जो आपको करना चाहिए, उसके बीच टकराव है।

गलत या सही, हर फैसले में कई पहलुओं पर गौर किया जाता है। हालात उनमें से एक है। मान लें कि हम इस कमरे में बैठे हैं और कोई एके-47 लेकर यहाँ दाखिल हो जाता है। यहाँ के हालात खास हैं। इस हालात में आपको एक फैसला लेना है। आप देखते हैं कि यह रास्ता है और इससे निकलना ही है या दरवाजा तोड़ना है और उससे बाहर निकलना है।

सवाल : या जो आपको करना है ?

अजीत डोभाल : नहीं, जो आपको करना चहिए। करना है अलग है। आपको जो करना चाहिए, वह आपकी ड्यूटी है। पर आप जो करना चाहते हैं, वह आपका दबाव है। आप दूसरे को चुनिए, अगर आपको जो करना है और जो करने के लिए आपको मजबूर किया जाता है, उनके बीच किसी एक को चुनना है तो आपके पास कोई रास्ता नहीं बचता। यह आपका फैसला नहीं है। यह किसी और का फैसला है। अगर आप कोई बंदूक निकालें और मुझ पर गोली चला दें तो यह आपका फैसला है। मैं बस इतना कर सकता हूँ कि मैं हँसूँ या रोने लगूँ। मैं इतना ही फैसला कर सकता हूँ। निर्णय तभी लिये जाते हैं, जब विकल्प होते हैं। जब मजबूरी होती है तो यह फैसला नहीं होता।

असल में द्वितीय विश्व युद्ध के बाद और व्यापक तबाही के हथियारों के निर्माण के बाद इनसानों के इस पृथ्वी से मिटा दिए जाने की गारंटी है, अगर बहुत बड़े युद्ध होते हैं। हम एक ऐसे युग में आ चुके हैं, जहाँ युद्ध दूसरे माध्यमों से लड़े जाते हैं।

सवाल : भविष्य के युद्ध, भविष्य के आतंकवाद के बारे में आपकी क्या सोच है ? साइबर सुरक्षा भी काफी अहम हो गई है ?

अजीत डोभाल : असल में द्वितीय विश्व युद्ध के बाद और व्यापक तबाही के हथियारों के निर्माण के बाद इनसानों के इस पृथ्वी से मिटा दिए जाने की गारंटी है, अगर बहुत बड़े युद्ध होते हैं। हम एक ऐसे युग में आ चुके हैं, जहाँ युद्ध दूसरे माध्यमों से लड़े जाते हैं। पारंपरिक युद्ध बेहद महँगे साबित होते हैं, क्योंकि उनमें नुकसान बहुत अधिक होता है, अगर कोई बड़ा देश युद्ध लड़ता है या कुछ बड़े देश परमाणु हथियारों के साथ शामिल होते हैं तो पूरा, समूल नष्ट हो जाएगा। अब हिरोशिमा, नागासाकी जैसा नहीं होगा। आज हमारे पास जितनी क्षमता वाले हथियार हैं, उसके मुकाबले पहले के हथियार कुछ नहीं थे। यह एक फैक्टर है कि अब युद्ध नुकसान के लिहाज से बेहद महँगे हो गए हैं, लेकिन इससे भी महत्त्वपूर्ण कारक है, वह यह है कि वे अब राजनीतिक और सैन्य उद्देश्यों को हासिल करने के साधन नहीं रह गए हैं। इसकी कोई गारंटी

नहीं है कि एक बड़ी सेना, अधिक संसाधन, अधिक तकनीक, बड़ी आर्थिक शक्ति, अंतरराष्ट्रीय गठबंधनों वाला देश युद्ध जीत जाएगा। सोवियत संघ जैसी महान् शक्ति मुजाहिद्दीनों से हार गई या अमेरिका वियतनामियों से नहीं निपट सका। असमान शक्तियों के बीच युद्ध में मैंने अपनी बड़ी सेना बनाई, ताकि आप पर जीत हासिल कर सकूँ। आजकल के युद्ध में जब पारंपरिक युद्ध आपके सैन्य उद्देश्यों को हासिल नहीं कर पाते हैं, तब आप लोगों की हत्या करने के लिए नहीं लड़ते हैं। आप कुछ हासिल करना चाहते हैं। उनका स्थान दूसरे माध्यमों से लड़े जानेवाले युद्ध ले रहे हैं। अमेरिका या पश्चिमी देशों ने क्या किया, जब सोवियत फौज अफगानिस्तान में दाखिल हुई? उनके पास कई विकल्प थे। वे सोवियत संघ के खिलाफ युद्ध छेड़ सकते थे। वे आर्थिक प्रतिबंध लगाकर अर्थव्यवस्था को चोट पहुँचा सकते थे। वे कूटनीतिक रास्ता अख्तियार करते हुए संयुक्त राष्ट्र में मुद्दा उठा सकते थे। वे प्रतिबंध लागू कर सकते थे; लेकिन वह भी सुरक्षा परिषद् का सदस्य था तो ऐसा नहीं हो सकता था। इसलामिक देशों के लोगों ने उनसे सोवियत फौज के खिलाफ जिहाद शुरू करने को कहा और उस जिहाद में उनका इतना खून बहा और वे इतना थक गए कि उनकी फौज को वापस लौटना पड़ा तथा अफगानिस्तान तालिबान सरकार के नियंत्रण में आ गया।

आजकल के युद्ध में जब पारंपरिक युद्ध आपके सैन्य उद्देश्यों को हासिल नहीं कर पाते हैं, तब आप लोगों की हत्या करने के लिए नहीं लड़ते हैं। आप कुछ हासिल करना चाहते हैं। उनका स्थान दूसरे माध्यमों से लड़े जानेवाले युद्ध ले रहे हैं।

अब हम फोर्थ जनरेशन के युद्ध के तौर-तरीकों को देख रहे हैं। फोर्थ जनरेशन का युद्ध अदृश्य दुश्मन के खिलाफ युद्ध होगा और अदृश्य दुश्मन के खिलाफ युद्ध में उस आदमी की जीत होगी, जो उस अदृश्य दुश्मन को देख लेगा। यही कारण है कि इंटेलिजेंस अब सबसे महत्त्वपूर्ण कारक बन गया है। 130 करोड़ लोगों में से अगर आप आतंकवादी को ढूँढ़ निकालते हैं, जो बिल्कुल आपके जैसा दिखता है, आपके जैसे कपड़े पहनता है, आपकी तरह चलता-फिरता है तो शायद आप जीत जाएँगे, अगर आप ऐसा नहीं कर

पाते हैं तो शायद आप हार जाएँगे। यही वजह है कि कोड युद्ध अब बढ़ता जा रहा है। दूसरी चीज है टेक्नोलॉजी। पूरी दुनिया में आना-जाना तेजी से बढ़ा है। पहले जहाँ लोग एक सीमित भू-भाग में काररवाई करते थे, अब सेकेंड भर में लोग कहीं-से-कहीं पहुँच जाते हैं और फिर संचार भी तेज हुआ है। वे बातचीत को गुप्त रख सकते हैं, क्योंकि वे इसके लिए नए-नए तरीके ढूँढ़ सकते हैं, जैसे मोबाइल फोन। पचास साल पहले जब मैंने नौकरी शुरू की थी, तब मोबाइल फोन नहीं थे, न तो इंटरनेट था और न ही साइबर स्पेस, जिसकी चर्चा आपने की। पूरा साइबर क्षेत्र सीमा-रहित क्षेत्र है, जिसके जरिए आप देश की पूरी संरचना को तबाह कर सकते हैं। आप उसकी आर्थिक गतिविधियों, बैंकिंग गतिविधियों, ऊर्जा क्षेत्र, उड्डयन, संचार आदि सभी क्षेत्रों को ठप कर सकते हैं और उन्हें पूरी तरह बंद कर सकते हैं। इसके साथ ही, अब हम इलेक्ट्रॉनिक युद्ध के स्टेज में हैं। इलेक्ट्रॉनिक युद्ध में अगर विमान उड़ान भरता है और यदि मुझे कोड मालूम है तो मैं उसकी दिशा बदल सकता हूँ। यहाँ तक कि पायलट का भी उस पर कोई नियंत्रण नहीं होगा। इसलिए अगर मैंने उसके कोड को भेद लिया तो मैं कुछ भी कर सकता हूँ, क्योंकि सबकुछ इलेक्ट्रॉनिक ढंग से चलाया जा रहा है। यहाँ तक कि हथियार प्रणाली का इजेक्शन सिस्टम भी, क्योंकि जो संचार हो रहा है, उसके सिग्नल भी रडार से जा रहे होते हैं, अगर आप उसमें व्यवधान, परिवर्तन या हेर-फेर कर सकते हैं तो शायद आप ये सब कर सकते हैं। इसलिए आनेवाली लड़ाइयों में इसकी भूमिका तेजी से बढ़नेवाली है। यही वजह है कि अब इसका महत्त्व बढ़ रहा है और हमारे लिए इस तरह की चुनौतियों का मुकाबला करना जरूरी है।

पहले जहाँ लोग एक सीमित भू-भाग में काररवाई करते थे, अब सेकेंड भर में लोग कहीं-से-कहीं पहुँच जाते हैं और फिर संचार भी तेज हुआ है। वे बातचीत को गुप्त रख सकते हैं, क्योंकि वे इसके लिए नए-नए तरीके ढूँढ़ सकते हैं, जैसे मोबाइल फोन।

सवाल : तो हम जब टेक्नोलॉजी की बात कर रहे हैं, सामने आ रही तकनीक की बात कर रहे हैं तो मुझे लगता है कि अब भारत नव-प्रयोगों पर

जोर दे रहा है, जिसे हम भी बहुत बड़े पैमाने पर बढ़ावा दे रहे हैं, तो आपने जब ऑपरेशन किए, तब किसी भी समय पर आपने कोई ऐसे उत्पाद का इस्तेमाल किया है, कुछ ऐसा, जैसा कि फिल्म 'उरी' में एन.एस.ए. को ड्रोन का इस्तेमाल करते दिखाया गया था?

अजीत डोभाल : फिल्में तो फिल्में ही होती हैं, उनके बारे में मैं कुछ नहीं कहूँगा, मगर मैं एक बात कहूँगा कि इंटेलिजेंस के क्षेत्र में अपनी ही तकनीकों का इस्तेमाल किया जाता है। वे तकनीक की तलाश में रहते हैं। वे पता लगाने का प्रयास करते हैं कि क्या-क्या चीजें उपलब्ध हैं या वे लोग कौन हैं। सूत्रों के जरिए वे ऐसा करने का प्रयास करते हैं, लेकिन वे उन्हें संगठन का अभिन्न हिस्सा नहीं बनाते। इसलिए जब तकनीक हासिल कर ली जाती है, तब भी जो लोग उस तकनीक को दे रहे होते हैं, वे ये नहीं जान पाते हैं कि असल में इसका इस्तेमाल कौन करेगा और वे इसका इस्तेमाल क्यों कर रहे हैं तथा उन्हें ये क्यों चाहिए। वे इसका इस्तेमाल इसी तरीके से करेंगे या इसके पुर्जों में बड़ा परिवर्तन करेंगे और यह संगठन की गोपनीयता के लिए जरूरी है, मगर एन.एस.ए. के रूप में मेरा काम यह नहीं है। मैं अब इंटेलिजेंस का काम-काज नहीं देखता हूँ। उस पेशे को मैंने बहुत पहले छोड़ दिया। मैंने देखा है और मैं अपनी युवा पीढ़ी के ज्ञान, दूरदर्शिता, संकल्प से बहुत ज्यादा प्रभावित हूँ तथा अपने ऊपर उनका विश्वास और भरोसा से भी। कुछ समय पहले एक विशेष समूह था, जो मेरे पास आया था। उन्होंने मुझसे कहा कि वे अपना ही सैटेलाइट बनाना चाहते हैं। गूगल ने एक अंतरराष्ट्रीय प्रतियोगिता आयोजित की थी। उन्होंने बताया कि उन्होंने इसमें क्वालिफाई किया तथा उन्हें शॉर्टलिस्ट किया गया और सिर्फ दस लोगों को आखिर में चुना गया। उन्होंने कहा कि हम उनकी कुछ मदद कर सकते हैं।

फिल्में तो फिल्में ही होती हैं, उनके बारे में मैं कुछ नहीं कहूँगा, मगर मैं एक बात कहूँगा कि इंटेलिजेंस के क्षेत्र में अपनी ही तकनीकों का इस्तेमाल किया जाता है। वे तकनीक की तलाश में रहते हैं। वे पता लगाने का प्रयास करते हैं कि क्या-क्या चीजें उपलब्ध हैं या वे लोग कौन हैं।

कुछ अड़चनें उनकी तरफ से आईं और कुछ हमारी तरफ से, फिर भी उन्होंने बहुत अच्छा काम किया। इसी तरह आई.आई.टी., मद्रास को ही ले लीजिए। उनसे मेरी बात हुई, फिर मैंने डी.आर.डी.ओ. से बात की, क्योंकि वे बहुत अच्छे ड्रोन बना रहे थे, जो इंटेलिजेंस हासिल करने का काम कर सकते थे। हमें वे काफी उपयोगी लगे। इसलिए मैं समझता हूँ कि उनमें काफी संभावनाएँ हैं। मुझे पता नहीं कि इंटेलिजेंस एजेंसियाँ उनका किस तरीके से इस्तेमाल कर सकती हैं, लेकिन सुरक्षा के क्षेत्र में, रक्षा क्षेत्र, डी.आर.डी.ओ. और अन्य क्षेत्रों में हम उनका भरपूर इस्तेमाल कर रहे हैं और हमें करना चाहिए।

मैंने 'उरी' फिल्म नहीं देखी है, लेकिन आई.बी. में शामिल होने के बाद मैंने ऐसा कभी नहीं किया। यह बहुत पुरानी बात है। मैं कभी किसी सिनेमाहॉल में नहीं गया हूँ। कभी-कभी हो सकता है कि पत्नी के साथ टी.वी. पर कुछ फिल्में देखी होंगी, लेकिन मैं कभी मॉल भी नहीं गया हूँ।

सवाल : तो हम लोग अभी 'उरी' की बात कर रहे थे। क्या आपने उस फिल्म को देखा है? और क्या आप मोबाइल फोन तोड़ डालते हैं? मूवी में कई बार दिखाया गया है।

अजीत डोभाल : मैंने 'उरी' फिल्म नहीं देखी है, लेकिन आई.बी. में शामिल होने के बाद मैंने ऐसा कभी नहीं किया। यह बहुत पुरानी बात है। मैं कभी किसी सिनेमाहॉल में नहीं गया हूँ। कभी-कभी हो सकता है कि पत्नी के साथ टी.वी. पर कुछ फिल्में देखी होंगी, लेकिन मैं कभी मॉल भी नहीं गया हूँ। इसलिए मेरी कोई सोशल लाइफ नहीं है। मुझे लोगों के बीच दिखने से बचना था और जब तक मैं लोगों के बीच खुलकर आनेवाले जीवन में आया, तब तक बाकी चीजें करने के लिए काफी देर हो चुकी थी और हाँ, मैं ये (फोन) सब नहीं तोड़ता हूँ। इनसे कहीं ज्यादा महत्त्वपूर्ण बात यह है कि मौजूदा सुरक्षा क्षेत्र में घुसपैठ और उसे भेदने के लिए संचार सबसे आसान जरिया है, जो आपको खतरे में डाल देगा और संचार सबसे बड़ी चीज है, जो आपको रफ्तार और दूसरी चीजें देगा। मैं आपको बस एक छोटा सा रहस्य बता सकता हूँ। मैं मोबाइल फोन का इस्तेमाल नहीं करता हूँ। मेरे पास कोई मोबाइल

फोन नहीं है। मैं उसके बिना ही सबकुछ करता हूँ, भले ही लोग पूछते हैं कि मैं ऐसा कैसे कर लेता हूँ! मैं जानता हूँ कि यह असुरक्षित है। इसी तरह मैं कंप्यूटर का इस्तेमाल भी नहीं करता। मेरा मतलब है इंटरनेट के लिए कंप्यूटर का इस्तेमाल। मैं कंप्यूटर का इस्तेमाल टाइपराइटर के तौर पर करता हूँ। मैं कंप्यूटर पर किसी के साथ पत्राचार नहीं करता।

> ***मेरा कोई सोशल मीडिया अकाउंट नहीं है, न ही अब तक मेरा कोई अकाउंट था। वे सभी या तो मेरे शुभचिंतक हैं या फर्जी हैं; लेकिन मैं दर्शकों से कहना चाहूँगा कि जो कुछ भी अजीत डोभाल के फेसबुक अकाउंट या ट्विटर अकाउंट पर आप देखते हैं, उनसे भ्रम में पड़ने की जरूरत नहीं है।***

सवाल : आपने कहा कि आप सेलफोन का इस्तेमाल नहीं करते, संचार के लिए कंप्यूटर का इस्तेमाल नहीं करते, लेकिन सोशल मीडिया पर, ट्विटर पर आपके बहुत सारे प्रोफाइल हैं। इस पर आपका क्या कहना है और बड़ी संख्या में कई विचारों को आपके विचार बताकर इन मंचों पर प्रचारित किया जाता है?

अजीत डोभाल : मेरा कोई सोशल मीडिया अकाउंट नहीं है, न ही अब तक मेरा कोई अकाउंट था। वे सभी या तो मेरे शुभचिंतक हैं या फर्जी हैं; लेकिन मैं दर्शकों से कहना चाहूँगा कि जो कुछ भी अजीत डोभाल के फेसबुक अकाउंट या ट्विटर अकाउंट पर आप देखते हैं, उनसे भ्रम में पड़ने की जरूरत नहीं है। मेरा ऐसा कोई भी अकाउंट नहीं है। हो सकता है कि जब सरकार के लिए मैं कोई काम नहीं कर रहा होऊँगा, तब शायद कोई अकाउंट बना लूँ, लेकिन अभी मेरा कोई अकाउंट नहीं है।

सवाल : लेकिन आप लेख लिखते हैं, ब्लॉग लिखते हैं या नहीं लिखते? लोग ये जानना चाहेंगे कि किसी खास विषय पर वे आपके विचारों को कैसे जान सकते हैं?

अजीत डोभाल : आपको बताऊँ कि एक समय था, जब आई.बी. के प्रमुख पद से मैं वर्ष 2005 में रिटायर हुआ था, फिर मैंने एक थिंक टैंक की स्थापना की, जिसे 'विवेकानंद इंटरनेशनल फाउंडेशन' के नाम से जाना गया

और जब 2014 में मुझे यह जिम्मेदारी मिली, तब मैंने उसे बिल्कुल शुरुआत से खड़ा किया और अब सब इसके बारे में जानते हैं। उस अवधि में मैंने थोड़ा-बहुत लिखा था और उस दौरान मैंने कुछ इंटरव्यू भी दिए। मैंने कुछ व्याख्यान भी दिए थे। इतना कुछ उस बीच की अवधि में हुआ था। उसके अलावा मैंने जो कुछ भी कहा है, उस बारे में प्रामाणिक कुछ भी नहीं है।

इस वक्त मैं नहीं समझता कि मैं क्या जानता हूँ या मेरे विचार क्या हैं। यह बिल्कुल भी प्रासंगिक नहीं है। भारत सरकार के विचार जरूरी हैं और जो भारत सरकार के विचार हैं, मैं उनका हिस्सा हूँ। मैं अपना योगदान करता हूँ, लेकिन मेरे जैसे कई लोग अपना योगदान करते हैं। फैसले सरकार लेती हैं और जो देश को बताया जाता है, वह सरकार का फैसला होता है। अधिकांश मामलों में प्रधानमंत्री मोदी का फैसला होता है और चूँकि मैं उनका सलाहकार हूँ, इसलिए देश के राष्ट्रीय सुरक्षा सलाहकार के रूप में भले ही उन्हें सलाह देता हूँ, लेकिन फैसले प्रधानमंत्री के होते हैं। प्रधानमंत्री के विचार जनता के सामने आते हैं और आने भी चाहिए। वही आधिकारिक होता है। मेरे अपने विचार मायने नहीं रखते हैं।

इस वक्त मैं नहीं समझता कि मैं क्या जानता हूँ या मेरे विचार क्या हैं। यह बिल्कुल भी प्रासंगिक नहीं है। भारत सरकार के विचार जरूरी हैं और जो भारत सरकार के विचार हैं, मैं उनका हिस्सा हूँ। मैं अपना योगदान करता हूँ, लेकिन मेरे जैसे कई लोग अपना योगदान करते हैं।

सवाल : भारत युवाओं का देश है। क्या आप युवाओं से बताना चाहेंगे कि वे अपने भविष्य को कैसे आगे ले जाएँ, कैसे भारत को ज्यादा सुरक्षित बनाएँ?

अजीत डोभाल : मुझे लगता है कि हमारे युवा इतनी अच्छी जानकारी रखते हैं और वे इतने प्रेरित हैं कि मुझे उन्हें जानकारी के लिहाज से ज्यादा कुछ कहने की जरूरत नहीं है। वे ब्राउज करते हैं और सबकुछ जानते हैं कि अवसर कहाँ है; लेकिन मैं उन्हें उनके रवैयों को लेकर कुछ कहना चाहता हूँ, जिससे उनका जीवन खुशहाल हो सकता है। हम सभी की एक पहचान है। जितनी छोटी पहचान, उतना छोटा व्यक्ति। अपनी पहचान को बड़ा करें। मेरी एक पहचान है,

मैं अजीत डोभाल हूँ, अगर मैं अजीत डोभाल के रूप में जीता हूँ तो मैं क्या खाता हूँ या मेरे क्या शौक हैं, बस इतना ही होता है, मगर मैं अपने परिवार के लिए जीता हूँ तो मेरी पहचान बड़ी हो जाती है। मैं जब अपने गाँव के लिए जीता हूँ तो वह और बड़ी हो जाती है। लोग जानते हैं कि मैं फलाँ गाँव का हूँ। कुछ लोग जाति से अपनी पहचान बनाते हैं और लोग कहते हैं कि वह फलाँ जाति का है। आप बढ़ रहे हैं, लेकिन इतनी बड़ी पहचान नहीं बन रही है। अपनी पहचान को अपने देश से जोड़ दें तो आप बहुत बड़े परिवार का हिस्सा बन जाएँगे। आज मेरी पहचान एक भारतीय की है। मेरी जातीय, भाषाई या इलाके वाली पहचान नहीं है, बल्कि एक भारतीय होने के नाते पहचान है। इसलिए मुझे लगता है कि मैं भारत जितना ही बड़ा हूँ। हर भारतीय को इसी तरह महसूस करना चाहिए। यही तरीके की बात है और फिर जब आप देख रहे हैं कि आपके देश के साथ कुछ गलत हो रहा है। कोई रेलवे की सीट फाड़ रहा है या कोई गंदगी कर रहा है तो आपको बुरा लगता है। आपको लगता है कि कोई आपके देश को गंदा कर रहा है, अगर कोई इसके खिलाफ बोलता है; और मेरे पास अभी इतना वक्त नहीं है, नहीं तो मैं आपको कई घटनाएँ बता सकता था। एक बार विवेकानंदजी जहाज से जापान से अमेरिका जा रहे थे, तब उन्होंने देखा कि एक भारतीय, जिसने जहाज का टिकट तो लिया था, लेकिन खाने का टिकट नहीं लिया था, तो उसे पूरा खाना नहीं, बल्कि कुछ नाश्ता दिया जा रहा था। तब वह जापानियों को भला-बुरा कहने लगा कि यह भेदभाव है, ये है, वो है। शायद वह भाषा भी नहीं समझ पा रहा था, इसलिए भी यह विवाद हो रहा था।

कुछ लोग जाति से अपनी पहचान बनाते हैं और लोग कहते हैं कि वह फलाँ जाति का है। आप बढ़ रहे हैं, लेकिन इतनी बड़ी पहचान नहीं बन रही है। अपनी पहचान को अपने देश से जोड़ दें तो आप बहुत बड़े परिवार का हिस्सा बन जाएँगे।

एक जापानी उठा और उसने कहा कि यह रहा तुम्हारा खाना। जब तक जहाज पहुँच नहीं जाता, तब तक मैं नहीं खाऊँगा, बल्कि अपना खाना तुम्हें देता रहूँगा, लेकिन जापान के खिलाफ एक शब्द बोला तो मैं तुम्हें जहाज से बाहर

फेंक दूँगा। वह अपना खाना छोड़ सकता था, लेकिन अपने देश के खिलाफ एक भी शब्द बुरा, खराब या आपत्तिजनक नहीं सुन सकता था। यह भावना होती है। ऐसी भावना विकसित करें। बड़ा इनसान बनें, बड़े दिलवाले, बड़ी सोचवाले। छोटी-छोटी चीजों से ऊपर उठें। छोटे फायदे, थोड़ी सी सुविधाओं के पीछ न भागें। बड़ा सोचें। आप बड़े हो जाते हैं तो पूरी मानवता आपकी हो जाती है, जैसे बुद्ध या गांधीजी। आपकी पहचान एक इनसान होने से भी बड़ी हो जाती है। हमारे वेद हमें इससे कहीं बड़ी पहचान देते हैं कि हम मात्र एक इनसान हैं, इसलिए मैं हर उस चीज से जुड़ा हूँ, जिसमें जीवन है। कुछ लोग इतने बड़े हो जाते हैं कि वे सोचते हैं कि निराकार ब्रह्म ने मुझे सबकुछ दिया है। चाहे उसमें जीवन है या नहीं। वह मेरा हिस्सा है और मैं उसका हिस्सा हूँ। यही 'अहं ब्रह्मास्मी' है या 'शिवोहम'। इस तरह से आप बड़े होते हैं। भौतिकवाद, आधुनिक मूल्य आपको बड़े इनसान से छोटा और छोटा इनसान बनाते जाते हैं। आप सिकुड़ते चले जाते हैं अपने बच्चों, अपनी पत्नी की नजर में। यहाँ तक कि आपके माता-पिता, रिश्तेदार, आपका समाज और देश आपके लिए मायने नहीं रखते। आप बस यह सोचते हैं कि बस जो हूँ—मैं हूँ।

तो अपने दृष्टिकोण में बदलाव लाइए। भारतीय होने पर गर्व कीजिए, भारत के लिए जिएँ और जब आप ऐसा करेंगे, आपको बहुत खुशी मिलेगी, यदि इसमें आपकी मौत भी हो जाए, तब भी आप गर्व करेंगे। मौत तो वैसे भी आनी है, लेकिन आपको इस पर गर्व होगा, अतः आप अपना जीवन अच्छे से जिएँ और वैसी मौत हासिल करें, जो याद रखी जाए।

□

अजीत डोभाल के प्रेरक विचार

1. राष्ट्रीयता और राष्ट्र–धर्म को समर्पित व्यक्ति ही सच्चा व्यक्ति होता है, वही जीवन में कुछ करने की क्षमता रखता है।
2. राष्ट्रीयता की भावना को जाति–धर्म से ऊपर रखनी चाहिए। इसका जीवंत उदाहरण हम इजरायल जैसे देश से ले सकते हैं, जहाँ राष्ट्रीयता सर्वोपरि है।
3. जिसका मनोबल ऊँचा होता है, वह कार्य की संपन्नता के उपरांत ही विश्राम करता है।
4. भारत के युवा ही देश के कर्णधार हैं, इन्हें कभी नजरअंदाज नहीं किया जाना चाहिए।
5. जंग तब तक जारी रहता है, जब तक विजय नहीं मिल जाता।
6. सच्चा देशभक्त देशभक्ति की आग को अपने भीतर सँजो के रखता है और आनेवाली पीढ़ी को हस्तांतरित करता है, यह उसके लिए यह बड़ी चुनौती का विषय होता है।
7. आत्मा की आस्था और ह्रदय का विश्वास जिस व्यक्ति के पास है, उससे बड़ा अमीर कोई नहीं।
8. जीवन की लड़ाई, आस्था की लड़ाई और विश्वास की लड़ाई सर्वप्रथम अधिक चुनौतीपूर्ण होता है, जिस पर विजय प्राप्त कर आनेवाली समस्त चुनौतियों पर विजय प्राप्त कर सकते हैं।
9. व्यक्ति की सबसे पहली लड़ाई स्वयं से और स्वयं के भीतर होती है, जिसे स्वयं निर्णय करना होता है कि वह जिस धर्म, समुदाय या समूह से संबंध

रखते हैं, उसे कुछ देकर जाना है या कुछ लेकर!

10. जब तक हम नहीं जीतेंगे, तब तक लड़ाई जारी रहेगी, इस भाव को मन में रखते हुए किसी भी लक्ष्य की ओर बढ़ें तो वह लक्ष्य आपको अवश्य प्राप्त होगा।
11. किसी भी जंग को जीतने के लिए सिर्फ सैन्य बल की आवश्यकता नहीं होती, कुछ जीत मनोबल से भी मिलती है।
12. मजबूत इच्छाशक्ति और दृढ़ संकल्प के बलबूते आप किसी पर भी विजय प्राप्त कर सकते हैं।
13. जब आप अपनी आस्था और विश्वास पर सवाल उठाते हैं तो वहाँ टकराव की स्थिति पैदा होती है, ऐसी स्थिति में आप अपने मूल कर्तव्य से वंचित रह जाते हैं।
14. क्या मैं इस कार्य को कर पाऊँगा ? क्या हमें रास्ता मिल पाएगा ? इन सभी विषयों से परे होकर सकारात्मक और दृढ़ संकल्पित भाव से कार्य करें तो सफलता और रास्ता—दोनों मिलेगा।
15. किसी भी लड़ाई में यदि आप दृढ़ संकल्प कर लिया तो आप वह लड़ाई कभी नहीं हार सकते। वह लड़ाई किसी भी प्रकार की हो सकती है।
16. लड़ाई तब तक जारी रखनी चाहिए, जब तक कि आप लक्ष्य तक न पहुँच जाएँ, आपको गंतव्य न मिल जाए और गंतव्य तक पहुँचने का एक ही मार्ग है—अपनी आस्था व स्वयं पर विश्वास करना।
17. भारतीय नागरिकों को भारत के विश्वगुरु बनने तक अपनी लड़ाई को जारी रखना होगा। यह लड़ाई स्वयं का स्वयं से होना चाहिए।
18. देश की आंतरिक या वाह्य समस्या से लड़ने से पूर्व स्वयं से वचनबद्ध होना होगा कि मैं इस देश को कुछ देकर जाऊँगा, इस देश के लिए कुछ करके जाऊँगा।
19. हम इस देश से संस्कृति की शिक्षा, अन्न, वस्त्र आदि तमाम चीजें लेते हैं, पर क्या हमने कभी यह प्रतिज्ञा की कि हम देश को कुछ अर्पित करेंगे।
20. सक्षम, शक्तिशाली और कठोर होने का तात्पर्य यह नहीं कि आप राष्ट्रभक्ति से दूर हो जाएँ, बल्कि जिस देश से आपने सबकुछ पाया है,

उस देश के लिए अपने कर्तव्यों का निर्वहण कर सकें।

21. राष्ट्रभक्ति की लड़ाई आर्थिक संपन्नता या विपन्नता से परे है, जिसमें हानि-लाभ का कोई स्थान नहीं होता।
22. हमें संपन्न होने के उपरांत अपने देश के सम्मान, संस्कृति, समुदाय को नई ऊँचाइयों-बुलंदियों पर पहुँचाने का प्रयास करना चाहिए, ताकि आनेवाली पीढ़ियाँ अपने देश पर गर्व कर सकें।
23. इतिहास दुनिया की सबसे बड़ी अदालत है। इतिहास उसी के पक्ष में रहा है, जो शक्तिशाली रहा है, जिसने न्याय और निर्दोष लोगों का कभी साथ नहीं दिया। भारत का इतिहास इसी ओर संकेत करता है; इसलिए हमें शक्तिशाली होना होगा, हमें अपनी रक्षा के लिए मजबूत होना होगा।
24. न्याय का अपना महत्त्व है, किंतु वर्चस्व की जहाँ बात हो, वहाँ शक्तिशाली होना आवश्यक है, भारत के धर्मगुरु बनने के पीछे भी शक्तिशाली होना आवश्यक है।
25. भारत के पास जनशक्ति, धनशक्ति और तकनीक की शक्ति भी है, जिसका उपयोग कर हम एक नया इतिहास लिख सकते हैं।
26. भारत की दयालु प्रवृत्ति ने ही सदैव शत्रुओं का मनोबल बढ़ाया है, अतः उन्हें अपनी शक्ति का परिचय देना आवश्यक है।
27. कल जो हुआ, उसे भूलकर, उससे सबक लेकर आनेवाले कल की तैयारी करो। यह आवश्यक नहीं कि कल ही परीक्षा फिर दोबारा होगी, बल्कि अगली परीक्षा के लिए तैयार होना चाहिए।
28. समय के अनुसार युद्ध की पद्धति बदलती रहती है, इस बदलती पद्धति में हमें सर्वश्रेष्ठ करने की आवश्यकता है।
29. भारत विदेशियों से उतना नहीं हारा, जितना अपने ही लोगों से हारा है। हिंदुस्तान हारा है तो सिर्फ हिंदुस्तानियों से ही।
30. वर्तमान समय में जिसके पास धैर्य से लड़ाई लड़ने का साहस है, वही विजय होगा, इसके लिए हमें मजबूत होना पड़ेगा।
31. पाकिस्तान बहुत धमकी देता है, पर अगर उसने युद्ध आरंभ किया तो

पाकिस्तान देश नक्शे से गायब हो जाएगा; हिंदुस्तान फिर भी रहेगा, लेकिन पाकिस्तान नहीं रहेगा।

32. हमारे अपने लोग ही अपने स्वार्थ और सुख के लिए राष्ट्र का सौदा कर बैठते हैं, जिससे बचने के लिए जागरूक एवं शक्तिशाली होना आवश्यक है। यह कार्य जनता और युवा-शक्ति ही कर सकती है।

33. अगर हम अपने विश्वास को और अधिक मजबूत कर लें तो हमें विश्व-शक्ति बनने से कोई नहीं रोक सकता। हमारे पास वह सभी संसाधन हैं, जो विश्व की सर्वश्रेष्ठ शक्ति बनने के लिए आवश्यक है।

34. हमारे पास संसार के सर्वश्रेष्ठ संसाधन—वैज्ञानिक, शिक्षा, तकनीक आदि हैं, जो हमें सर्वश्रेष्ठ शक्ति बना सकते हैं।

35. जहाँ खतरा होगा, वहीं जाकर प्रहार करेंगे। देश की रक्षा के लिए सीमा ही नहीं, सीमा पर भी जा सकते हैं। यह नया भारत है, जो अलग तरह से ही सोचता है। इतिहास गवाह है कि भारत पहले प्रहार नहीं करता।

36. सैन्य शक्तियाँ राज्य की सुरक्षा करती हैं, पर राष्ट्र की सुरक्षा का निर्माण तो यहाँ के तपस्वी करते हैं, जिन्होंने आदिकाल से राष्ट्र की खातिर अपना सर्वस्व न्योछावर किया है।

37. हम युद्ध अपने स्वार्थ के लिए नहीं, परमार्थ के लिए करते हैं, चाहे जमीन किसी की भी हो।

38. भारत का इतिहास मिटाने का सदैव प्रयास किया गया। इतिहास में लिखा गया कि भारत में कुछ नहीं था, यहाँ कोई अरब से आया तो कोई अफगान से और अपनी-अपनी संस्कृति का विकास किया, अतः ऐसे षड्यंत्रकारियों से सावधान रहना होगा।

संदर्भ सूची

1. 'कैसे पी.एम. मोदी, अजीत डोभाल और सेना प्रमुख ने आतंकवादियों के खिलाफ गुप्त हमले की योजना बनाई'। —'दि इकोनॉमिक टाइम्स'
2. 'अजीत डोभाल के चीन जाने की संभावना : एन.एस.ए. का प्रसिद्ध 'डोभाल सिद्धांत' और बीजिंग पर भारत के रुख को तोड़ना।' —Firstpost
3. 'अजीत डोभाल म्याँमार संचालन··· —इंडिया टी.वी. न्यूज (India TV)
4. 'अजीत डोभाल का शक्ति सिद्धांत'। —Firstpost
5. 'अजीत डोभाल : पी.एम. मोदी के बाद भारत में सबसे शक्तिशाली व्यक्ति'। —The Economic Times
6. 'इराक में रिहा की गई भारतीय नर्सों का गर्मजोशी से स्वागत'। —बी.बी.सी. समाचार
7. 'उत्तर-पूर्वी दिल्ली में दंगे की स्थिति नियंत्रण में'। —Livemint.com
8. 'एन.एस.ए. अजीत डोभाल के पास सफलता के लिए चार सूत्रीय मंत्र'। —हिंदुस्तान टाइम्स
9. 'एन.एस.ए. अजीत डोभाल के हस्तक्षेप के बाद म्याँमार ने भारत में वांछित 22 पूर्वोत्तर विद्रोहियों को सौंप दिया'। —Zee News
10. 'एन.एस.ए. अजीत डोभाल राष्ट्रीय सुरक्षा परिषद् की सहायता के लिए स्थापित नए रणनीतिक नीति समूह का नेतृत्व करेंगे'। —इंडिया टी.वी.
11. 'एन.एस.ए. अजीत डोभाल शक्ति के उपयोग को रेखांकित करते हैं—भारत को अपने वजन से नीचे पंच करना बंद कर देना चाहिए'। —इंडियन एक्सप्रेस
12. 'एन.एस.ए. अजीत डोभाल एवं जनरल दलबीर सिंह ने आतंकवादियों के खिलाफ जवाबी काररवाई की योजना बनाई'। —द टाइम्स ऑफ इंडिया
13. 'एन.एस.ए. डोभाल इराक में गुप्त मिशन पर'। —द हिंदू
14. 'एन.एस.ए. डोभाल की 'दोहरा निचोड़' की रणनीति कभी सफल नहीं होगी—पाक'। —द टाइम्स ऑफ इंडिया
15. 'एमिटी पुरस्कार'। —alumni.amity.edu

16. 'एल.ओ.सी. के पार सर्जिकल स्ट्राइक करनेवाले अजीत डोभाल'। —India.com
17. 'कैसे अजीत डोभाल ने सन् 1972 में केरल में दंगे को दबा दिया'। —द वीक
18. 'कॉलेजों, विश्वविद्यालयों पर छात्रों को कौशल प्रदान करने की जिम्मेदारी है—अजीत डोभाल'। —इंडिया टुडे
19. 'चीन के साथ डोकलाम सीमा गतिरोध में भारत ने कैसे सफलता हासिल की, इसकी अंदरूनी कहानी'। —इंडिया टुडे
20. 'जासूसों में सबसे बड़े—अजीत डोभाल नए राष्ट्रीय सुरक्षा सलाहकार।' —Hindustan Times
21. 'जेम्स बॉण्ड : हाउ 'इंडियन जेम्स बॉण्ड' अजीत डोभाल ने दंगा-प्रभावित थलासेरी का प्रबंधन किया था'। —द टाइम्स ऑफ इंडिया
22. 'डोका ला गतिरोध : अजीत डोभाल ने साबित किया कि अंतरराष्ट्रीय संकट को हल करने के लिए एक राजनयिक की जरूरत नहीं है'। —Firstpost
23. 'डोभाल ने उत्तराखंड के विकास और विकास की खराब गति पर अफसोस जताया'। —द पायनियर
24. 'द ब्रेन बिहाइंड मोदी सरकार'। —तहलका.कॉम
25. 'भारत की 'मानव पूँजी' चीन की 'दुर्लभ खनिज संपदा' का मुकाबला कर सकती है—एन.एस.ए. अजीत डोभाल'। —द न्यू इंडियन एक्सप्रेस
26. 'म्याँमार ऑपरेशन : 70 कमांडोज ने 40 मिनट में काम पूरा किया'। —दि इकोनॉमिक टाइम्स
27. 'म्याँमार की सेना ने 22 पूर्वोत्तर विद्रोहियों को सौंप दिया'। —हिंदुस्तान टाइम्स
28. 'सीमा पर भारत का आक्रामक रुख एन.एस.ए. अजीत डोभाल के दिमाग की उपज'। —दि इकोनॉमिक टाइम्स
29. 'सुपरस्पाई की वापसी'। —द न्यू इंडियन एक्सप्रेस
30. https://navbharattimes.indiatimes.com›
31. https://www.aajtak.in› india › story
32. https://www.amarujala.com› jammu
33. https://www.bhaskar.com› news› ns...
34. https://www.jagran.com› news› nati...
35. https://www.prabhatkhabar.com› national
36. 'बँगलादेशी घुसपैठ सबसे बड़ा खतरा'। —Rediff.com

□□□